AF649749

SARA SHAWKAT

NOOMI

SARA SHAWKAT

NOOMI

Eine inspirierende Reise durch die Küche des Iraks

riva

INHALT

VORWORT

Hättest du mir im Sommer 2020 gesagt, dass ich in zwei Jahren das Vorwort zum ersten Kochbuch meiner großen Schwester schreiben würde, hätte ich es dir ohne Weiteres geglaubt. In jenem Sommer saß ich nämlich vorn in Saras Lastenfahrrad, bewaffnet mit 20 Litern ihres Getränks Noomi Basra. Bei 30 °C im Schatten radelten wir durch die Straßen von Amsterdam und lieferten auf Bestellung das erfrischende, selbst gemachte Getränk aus. Obwohl der Verkauf zunächst nicht sehr eindrucksvoll lief, rückte das Getränk in den Fokus der Amsterdamer Gastronomie und wir erhielten Anerkennung; man fand es tatsächlich so köstlich, wie wir dachten. Im selben Sommer stand Saras Getränk bei verschiedenen Restaurants in Amsterdam auf der Karte. Noomi Basra war Saras erster großer Erfolg, und der schmeckte nach mehr. Dieses Getränk war nur ein ganz kleiner Teil ihres Repertoires an irakischen Gerichten und Geschichten, die es wert waren, verbreitet zu werden.

Dass es in der irakischen Küche viele verborgene Schätze gibt, wussten wir schon immer. Die Anerkennung der Amsterdamer Foodszene bestätigte es. Ich beobachtete, wie sie wuchs, aber im Grunde sah ich ihren Erfolg schon seit diesem Sommer mit dem Lastenfahrrad kommen. Die irakische Küche auf die Speisekarte zu bringen, wurde Saras Mission, und dieses Buch ist die erste Manifestation dieser Mission.

Es porträtiert die irakische Küche, wie wir als niederländische Irakerinnen sie erlernt haben: vielfältig, üppig, perfektionistisch und sogar ein bisschen humorvoll. Im Irak wird alles mit dem Essen verquickt, denn Essen ist der Anfang, die Grundlage. Sogar die Bemerkungen der Markthändler, wenn Sara in ihrem knallgelben Outfit durch Bagdad spaziert, haben Bezug zum Essen: »Du siehst ja aus wie ein Zardeh« (traditionelles irakisches Dessert; auf Seite 227 findest du ein fantastisches Zardeh-Trifle). Im Irak sagt man die Dinge unverblümt. Wenn du in einem westlichen Aufzug wie ein Safrandessert herumläufst, aber auch, wenn dein Kibbehteig zu dick ist. Die allgemeine Abwesenheit eines Filters in der irakischen Kultur äußert sich nicht nur in der Art und Weise, wie unsere Mutter uns früher in der Küche kritisiert hat, sondern auch, wie es »sich gehört« und wie Sara es in diesem Buch vermitteln möchte. Die Küche ist ein so großer Teil der irakischen Kultur, dass dieses Buch Reiseführer und Kochbuch zugleich ist. Du lernst nicht nur, wie du ein Reiskorn perfekt zubereitest, du erfährst auch die gesellschaftlichen Folgen eines leichtfertigen Umgangs mit dem besagten Reiskorn. Ein Rezept für Kibbeh mit hauchdünnem Teig ist nicht nur sehr lecker, es erhöht auch deine Chancen auf dem irakischen Heiratsmarkt.

Lass dich bitte nicht von Saras gelegentlicher Neigung zum Purismus einschüchtern: Das entspringt alles ihrer Leidenschaft. Es ist ein Bewältigungsmechanismus in einer Zeit, in der man im Supermarkt Hummus in allen Farben des Regenbogens kaufen kann. Das soll nicht heißen, dass Sara sich nicht traut, sich die Klassiker vorzunehmen – in manchen Fällen war es nötig, um die irakische Küche etwas zugänglicher zu machen. Was genau die Ursache dafür ist, dass ich mich bei Rote-Bete-Hummus fremdschäme und bei Saras (gleichermaßen untraditionellen) Krabbenkibbeh nicht, kann ich nicht so richtig sagen, aber vielleicht muss ich das auch nicht ergründen. Was ich aber weiß: Meine große Schwester ist als irakischer Käskopp sehr gut in dem, was sie macht. Ich kann mir denken, dass ich nicht wie die allerobjektivste Kritikerin wirke; ab hier kannst du es selbst erleben. Ich hoffe, dass Saras irakische Küche die Herzen derer erobern kann, die selbst zu Hause kochen, so wie Sara einst mit 20 Litern Noomi Basra und ihrer erwachsenen Schwester im Lastenfahrrad die Herzen vieler Feinschmecker erobert hat. Vielleicht können wir uns dann auf eine Zukunft freuen, in der Rote-Bete-Hummus überflüssig ist, oder träume ich da schon zu groß?

Noor Shawkat

EINLEITUNG

EINE PSYCHOLOGIN AM FALSCHEN ORT

Bis vor einem Jahr verbrachte ich meine Zeit zum größten Teil in der Universitätsbibliothek, wo ich keinen Strich für mein Psychologiestudium tat – dafür war ich dann auch zehn Jahre lang damit zugange. Ich dachte, eine akademische Ausbildung sei die einzige Option für mich. Ich versuchte, mir die langen Tage in der Bibliothek mit Abstechern zu den nahe gelegenen Vintage-Läden zu versüßen. Wenn ich meine Jugend schon an trockene wissenschaftliche Artikel vergeuden musste, dann wenigstens so, dass alle im Saal aufschauten. Entertainer ist man oder man ist es nicht. Um mich in der Universitätsbibliothek an der Amsterdamer Singel, einem Teil des Grachtengürtels, zu Hause zu fühlen, hatte ich ein Schließfach in Beschlag genommen und stopfte es voll mit haltbaren Produkten: Cashewkerne, schwarzer Sesam, Hoisinsoße und so weiter. Ich beschaffte mir die Einwegschälchen aus Plastik vom Café La Place an der Ecke, sodass ich meinen Vorrat im Schließfach gut ordnen und lagern konnte. Aus den Beständen meines 25 Quadratzentimeter großen Vorratsschranks kochte ich die feinsten Gerichte. Während ich sah, wie meine Kommilitonen ihren Studienplan mit Rosinenbrötchen, abgepackten Salaten und dem zerkochten Fraß aus der Mensa absolvierten, machte ich mir einen Sport daraus, jeden Tag möglichst luxuriös zu speisen, ohne mir etwas zu holen. So saß ich in der Mensa mit meinem Salat mit warmem Räucherlachs und Hoisindressing. Selbst wenn ich wegen meiner Aufmerksamkeitsdefizit-/Hyperaktivitätsstörung (ADHS) mit Medikamenten vollgepumpt war, aß ich noch besser als meine Kommilitonen mit ihren drögen belegten Broten. Schon im Studium war ich mit Catering und Rezeptentwicklung aktiv, jedoch immer als Hobby oder nebenher – Ziel war ja, dass ich als Psychologin Karriere mache. Als ich das Studium abgeschlossen hatte und als Psychologin arbeiten konnte, brauchte es genau einen Monat, bis ich mich doch Vollzeit auf das Essen stürzte.

Ich habe mich immer mit Essen beschäftigt, kochte aber im Grunde kaum irakisch. Alles, was ich zubereiten würde, wäre doch nur ein schwacher Abklatsch dessen, was meine Mutter auf den Tisch stellt. Für mich bedeutete irakisches Essen einfach *Zuhause*, nicht etwas, das ich mit nichtarabischen Menschen teilen könnte. Japanisches Essen war sexy, die italienische Küche war heilig, aber irakisch, ja, das kannten die Leute von diesem Event im Gemeindehaus. Um Gleichgesinnte zu finden, suchte ich verzweifelt Anschluss bei anderen ethnischen Minderheiten. Je älter ich wurde, desto klarer wurde mir, dass ich viel arabischer bin, als ich mir selbst vorgemacht hatte. Im Laufe meiner Suche danach, was Irakischsein für mich bedeutete, wurde mir bewusst, wie wichtig unsere Küche ist. In meinem eigenen Denken konnte ich nicht immer mit der irakischen Kultur einig sein; worauf ich aber immer stolz war, das ist unser Essen. Ich musste dieses Buch einfach schreiben, um die Bedeutung des Irakischseins für mich selbst neu zu definieren.

Das erste in Schriftform vorliegende Rezept der Welt ist 4000 Jahre alt und stammt aus Mesopotamien. Diese Region, zu der heute der moderne Irak gehört, besitzt seit jeher ethnische Vielfalt. Man erkennt dies auch an den unterschiedlichen Geschmacksrichtungen der irakischen Esskultur. Diese Diversität, die möchte ich dir näherbringen, weil es so viel mehr zu entdecken gibt als die ganzen Kichererbsendips, von denen die meisten Leute meinen, sie spiegelten die Levante wider. Die irakische Küche kennt eine Explosion einzigartiger Geschmacksrichtungen, verschiedene Texturen, kräftige Brühen, Holzofenbrote, sämig gekochte Hülsenfrüchte und vieles, vieles mehr.

In diesem Buch habe ich versucht, die irakische Einstellung zum Essen in Rezepte zu übertragen, die leichter verdaulich sind als die langen Koch-Videoblogs niedlicher irakischer Hausfrauen auf YouTube. Es kursieren eine Menge Irrtümer über unsere Küche, und mit denen möchte ich hier aufräumen, um dir die Essenz dieser herrlichen Küche zu vermitteln. Ich nerve manchmal mit meiner Idealisierung der Amsterdamer Javastraat mit ihren vielen Lebensmittelgeschäften, Cafés und Lokalen aus aller Welt. Wenn man aber jahrelang ausgelacht wird, weil man in der Pause Reis isst, und dann plötzlich sieht, wie die Leute zuhauf Poké-Bowls verdrücken, kann einem das doch niemand übelnehmen, oder? Es geht auf meinen Randstad-Komplex zurück – die Randstad ist eine Metropolregion in den Niederlanden –, und der entstand, als ich aus den Metropolen Bagdad und Damaskus kommend schließlich in Zwolle landete. Das Leben im provinziellen Zwolle, wo Sambal Oelek früher das Exotischste in den Regalen war, bewirkt, dass ich mich in die Einwohner von Kleinstädten wie Heiloo und Zierikzee hineinversetzen kann.

Ich habe versucht, die Rezepte möglichst niederschwellig zu gestalten. Manchmal gibt es jedoch keine andere Möglichkeit als die, eine Fahrkarte zu kaufen und in die Großstadt zu reisen – so, wie wir früher mit fünf Taschen Fladenbrot aus dem Den Haager Viertel Schilderswijk im Zug zurück in die Provinz fuhren.

Was ich unabhängig von diesem Engagement vor allem hoffe: dass du mithilfe dieses Buches lernst, das Prinzip einander ergänzender Elemente zu verstehen. Wenn du zu typischen Irakern nach Hause kommst holen sie alles aus dem Vorratsschrank, um dein Kommen zu feiern – Gastfreundschaft steckt uns im Blut. Mit diesem Buch versuche ich, dich zu inspirieren: durch unsere Liebe zur Übertreibung, durch die Dramatik rund um die perfekte Kibbeh und die Rivalität bei Grießkeksen, aber vor allem durch den Ansporn, unter den ungünstigsten Umständen trotzdem Trost in köstlichem Essen zu finden.

ZUTATEN AUS DER IRAKISCHEN KÜCHE

Ich könnte allein mit den verschiedenen Zutaten, die in der irakischen Küche verwendet werden, schon ein Buch füllen. Diese Liste ist eine erste Einführung mit häufig vorkommenden Zutaten und Tipps, wo du sie bekommen kannst.

KARTOFFELN

Die große, mehligkochende Kartoffel ist eine große Kartoffel aus dem Nahen Osten, die du in vielen orientalisch-nordafrikanischen Supermärkten liegen siehst. Ich finde sie gut für Batata Chap (Seite 126), aber auch für das Tepsi von Seite 111 eignet sie sich gut, weil man sie in große, gleichmäßige Stücke schneiden kann. Eine andere mehligkochende Kartoffelsorte geht natürlich auch.

TOPINAMBUR

Erhältlich in den besseren indischen und orientalisch-nordafrikanischen Supermärkten, Asialäden und bei Gemüsehändlern. Topinambur ist ganz wesentlich für die Zubereitung von Torshi, sowohl für die gelbe als unbedingt auch für die rote Variante (Seite 195 und 198).

ALEPPO-CHILIFLOCKEN

Können für die Rezepte in diesem Buch immer durch beliebige andere Chiliflocken ersetzt werden. Nimm die Aleppo-Flocken für mildere Schärfe.

AMR AL DEEN

Heißt auch Aprikosenleder, weil es aussieht wie Fruchtgelee in dünnen Scheiben. Es wird aus sonnengetrocknetem Aprikosennektar hergestellt. Man nascht es pur, kann es aber als Zutat für ein Getränk (Seite 237) verwenden.

ARABISCHER KAFFEE

Dieser Kaffee eignet sich für den Kaffeesatz, aus dem du die Zukunft lesen kannst, kann aber auch gut in Gerichten verarbeitet werden, zum Beispiel in Bulgurdolma (Seite 97). Die verbreitete Marke Najjar mag ich persönlich sehr gern.

BAJILLA

Bajilla oder Ackerbohnen bzw. dicke Bohnen gibt es frisch oder getrocknet. Die frischen bekommt man im Sommer in der Hülse. Ganz junge Bajilla kannst du ungeschält im Topf ganz nach unten legen, wenn du Dolma kochst (Seite 97). Dann wird die Hülse herrlich weich und die Aromen ziehen hinein. In einigen Geschäften bekommt man die Bohnen gleich geschält in der Tiefkühltheke. Getrocknete dicke Bohnen erkennst du an der braunen Schale. Sie müssen eingeweicht und anschließend lange gekocht werden. Die Schale ist essbar. Es gibt auch getrocknete dicke Bohnen ohne Schale, die sind gelblich und oft kleiner als die Bohnen mit Schale. Beide Varianten kannst du im Regal mit den getrockneten Hülsenfrüchten finden. Getrocknete und geschälte dicke Bohnen brauchst du für Falafel (Seite 139).

BERBERITZEN

Diese getrockneten sauren Beeren werden in der iranischen Küche viel verwendet. Ihr Geschmack ist mild frisch-sauer mit einer leichten Bitternote. Sie schmecken sehr gut mit Safranreis (Seite 76).

BIBER SALÇASI
Biber salçasi, oder Paprikapüree, erhält man in allen orientalisch-nordafrikanischen Supermärkten. Es gibt pikante (aci) und mildere (tatli) Varianten. Wie auch Tomatenmark steuert es viel umami bei.

BULGUR
Für Bulgur werden Weizenkörner zuerst gekocht, dann getrocknet und zerkleinert/gemahlen. Wenn du für die Kibbeh-Rezepte in diesem Buch Bulgur brauchst, dann nimm den feinen; er heißt auch Köftelik Bulgur.

ZITRONE(NSÄURE)
Guter Geschmacksstoff in der irakischen Küche. Du kannst Zitronensäure durch Zitronensaft ersetzen, aber manchmal verleiht das nicht diese theatralische Extrasäure, die du haben willst. In Amba (Seite 192) ist Zitronensäure meiner Meinung nach ein Muss.

ZUCCHINI
Die hellgrünen kleinen Zucchini sind zarter im Geschmack als die großen mit der dunklen Schale. In der Zucchinisaison oft in syrischen Supermärkten zu finden.

DATTELSIRUP
Ein Sirup aus Datteln; in allen orientalisch-nordafrikanischen Supermärkten erhältlich. In vielen Gerichten aus diesem Buch ein wesentlicher Geschmacksstoff. Du kannst ihn auch als Nachtisch essen: Dattelsirup und Tahin zu gleichen Teilen in kreisender Bewegung auf einen Teller geben und mit Brot essen.

GETROCKNETER DILL
Getrocknete Dillspitzen dürfen in Suppen nicht fehlen. Ich habe immer einen großen Beutel davon im Haus und stelle damit oft Dillöl als Topping für viele Dips her, die mir lieb sind, zum Beispiel für den Bajilla-Dip (Seite 166).

◆ GETROCKNETE KOKOSRASPELN

Die mittelgrobe Variante ist fettiger und verleiht mehr Geschmack als die feinen Kokosraspeln, die in den großen Supermärkten verkauft werden.

◆ GETROCKNETE MINZE

Unverzichtbar als Topping auf dem Joghurt zum Frühstück. An faulen Sonntagen streiche ich etwas dicken Joghurt auf einen Teller, bestreue ihn schön mit Minze, träufele etwas Olivenöl darüber und tunke das Ganze dann mit etwas Brot auf.

◆ GETROCKNETER KNOBLAUCH

Ein irakischer Geschmacksstoff für Torshi. In Wasser einweichen lassen und erst dann zum Gericht hinzugeben.

◆ GEREESH

Auch unter den Namen »ungekochter Weizen« und »cracked wheat (Weizenschrot)« zu finden. Dieses Getreide ist ganz hervorragend für die Zubereitung verschiedener Kibbeh-Sorten geeignet. Irakische, syrische und marokkanische Supermärkte haben es oft im Sortiment.

◆ GHEE

Geklärte Butter, vor allem für irakisches Gebäck ein wichtiger Geschmacksstoff.

◆ GHORMEH-SABZI-KRÄUTERMISCHUNG

Diese Kräutermischung lässt du in Wasser einweichen, bevor du sie in einem Gericht verarbeitest. Sie verleiht unter anderem Eintöpfen wie dem Sabzi von Seite 65 einen opulenten Geschmack. In iranischen und irakischen Geschäften kannst du danach fragen.

◆ GRANATAPFELSIRUP

Reiner Granatapfelsirup ohne Glukosesirup und Zitronensäure schmeckt am besten. Ich gehe immer in syrischen Supermärkten auf die Suche nach gutem Sirup. Falls du eine »nicht reine« Variante nehmen musst, empfehle ich die Marke Chtoura Garden. Der Sirup der Marke Souq schmeckt auch sehr gut und ist einfach zu finden.

◆ GRIESS

Mittelfeinen Grieß nimmt man wegen der Textur und der Bindung unter anderem für Kibbeh't Adom (Seite 128). Extrafeiner Grieß ist perfekt für Ma'amoul (Seite 219). Im orientalisch-nordafrikanischen Supermarkt wird die Beschaffenheit oft exakt spezifiziert.

◆ INDISCHE AUBERGINEN

Indische Auberginen – oder Mini-Auberginen – erkennst du an der Eiform und der dunkelvioletten Farbe. Sie ähneln den italienischen Mini-Auberginen, haben aber weicheres Fruchtfleisch. Für Makdous (Seite 46) ist die indische Mini-Aubergine ein Muss.

◆ KADAIFI

Kadaifi oder Engelshaar ist ein besonderer Patisserieteig aus geraspeltem Filoteig. Diese dünnen Fädchen werden vor der Zubereitung mit ordentlich Fett geknetet. Frisches Kadaifi schmeckt am besten, du findest es in irakischen, syrischen, griechischen und manchmal in marokkanischen Supermärkten in der Tiefkühlabteilung. Die haltbare Variante ist in jedem orientalisch-nordafrikanischen Supermarkt erhältlich. Sie braucht etwas mehr Liebe (= Fett und Massage).

◆ KICHERERBSEN

Nimm idealerweise nicht die mexikanische Sorte Garbanzo, sondern kleine Kichererbsen aus dem Nahen Osten. Je kleiner, desto besser, vor allem, wenn Hummus bi Tahina (Seite 161) zubereitet wird.

◆ LAMMFETT UND LAMMHACKFLEISCH

Ursprünglich nehmen wir Liyah, den Schwanz der Fettschwanz-Schafrassen des Nahen Ostens, für Fett, das Gerichten wie dem Kebab auf Seite 143 viel Geschmack gibt. Hierzulande ist Liyah kaum erhältlich, aber wenn du für ein Rezept aus diesem Buch Lammhackfleisch mit Fett brauchst, dann bitte deinen Metzger, ein Stück Fett (zum Beispiel Bauchfett) mit durch den Wolf zu drehen. Kaufe das Hackfleisch bei einer Halal-Metzgerei, dort weiß man gut mit Lammfleisch umzugehen.

HERBSTRÜBE

Die Herbstrübe ist eigentlich ein Wintergemüse, aber in orientalisch-nordafrikanischen Supermärkten ganzjährig zu finden.

NOOMI

Noomi oder Noomi Basra ist eine sonnengetrocknete Limette, die in der irakischen Küche eine große Rolle spielt. Basra verweist auf die irakische Hafenstadt, in der die Limetten ankamen, wenn sie aus Indien importiert wurden. Noomis sind als braune und schwarze Variante erhältlich. Die schwarze Noomi hat den kräftigsten Geschmack, und für die Rezepte aus diesem Buch kannst du sie immer verwenden. Die braune Sorte ist etwas milder und saurer. Meine Lieblings-Noomis sind außen mittelhart, und das Fruchtfleisch innen ist klebrig. Manche Früchte sind sehr hart und werden fast zu Pulver, wenn du sie zerquetschst. In einem Eintopf sind sie nicht sehr praktisch, in Soßen hingegen schon. Noomis bekommt man in orientalisch-nordafrikanischen und indischen Supermärkten.

OKRASCHOTEN

In der irakischen Küche verwendet man nicht die großen, frischen Okraschoten. Die kleineren findet man oft im Tiefkühlregal der orientalisch-nordafrikanischen Supermärkte. Sie sind nach der Zubereitung nicht so glitschig.

ORANGENBLÜTENWASSER

Nebenprodukt, das bei der Destillation von Pomeranzenblüten anfällt.

POMERANZE

Auch als saure Orange oder Bitterorange bekannt. Außerhalb des Iraks wird diese Zitrusfrucht meiner Meinung nach besonders unterschätzt, und das Fruchtfleisch wird wegen des starken Geschmacks fast nirgendwo roh gegessen. Trotzdem ist sie köstlich in Eintöpfen wie Marquat Fasulye Seite 69) oder Fischgerichten wie Masgouf (Seite 103). Den Saft kann man in Lablabi (Seite 34) oder in Salatdressings als Ersatz für Zitronensaft verwenden. Pomeranze ist sehr schwer zu finden, doch eine Mischung aus Orangen-, Grapefruit- und Zitronensaft kommt geschmacklich schon ganz gut heran.

ROSENBLÄTTER

Man kann Packungen mit losen Rosenblättern kaufen, aber auch Tüten mit kleinen Rosenknospen. Beide sind gut, rechne aber damit, dass rote Blütenblätter auch Farbe abgeben. In orientalisch-nordafrikanischen und pakistanischen Supermärkten erhältlich.

ROSENWASSER

Nebenprodukt, das bei der Destillation von Rosenblättern anfällt. Die Marke Chtoura Garden – nicht zu verwechseln mit Chtoura Fields – verwende ich am häufigsten. In den besseren syrischen Geschäften erhältlich. Beachte aber, dass die Sorten unterschiedlich stark konzentriert sind!

SAFRAN

Kaufe Safran in der besten Qualität, die du dir erlauben kannst. Ich hole immer ein winziges Fläschchen, das aussieht wie ein Vintage-Parfümflakon und im Schnitt 5 Euro kostet. Kommt der Safran aus Afghanistan oder dem Iran, bist du meistens gut bedient.

TAHIN

Versuche, im Irak hergestelltes Tahin zu finden, bei diesem ist meiner Meinung nach das Verhältnis von Röstaroma zu erhalten gebliebener Milde am besten. Doch auch palästinensische, libanesische und syrische Tahin-Marken sind im Allgemeinen gut. Lagere Tahin immer auf dem Kopf stehend, damit die Bestandteile vermischt bleiben.

TAMARINDE

Tamarindenmark funktioniert in den Rezepten am besten und ist ziemlich einfach zu finden. Die Marke Mumtaz ist sehr gut. Meide Packungen, bei denen du viele Fädchen im Fruchtfleisch siehst. Frische Tamarinde kannst du in orientalisch-nordafrikanischen Supermärkten in der Gemüseabteilung finden. Schön zum Naschen!

(ZIEGEN-)JOGHURT

Ziegenjoghurt schmeckt weicher als Joghurt aus Kuhmilch. Von meiner Mama habe ich gelernt, dass Joghurt eine schöne Säure bekommt, wenn man ihn zwei Tage außerhalb des Kühlschranks stehen lässt.

Satzgurken
Satzgurken
HEINZ
adidas

EINKAUFEN

IM ORIENTALISCH-NORDAFRIKANISCHEN SUPERMARKT

Den überwiegenden Teil der Zutaten in diesem Buch kannst du in den meisten orientalisch-nordafrikanischen Supermärkten finden. Bei uns in den Niederlanden werden diese Läden als MENA-Supermärkte bezeichnet. Was ist ein »MENA-Supermarkt« genau? »MENA« ist die Abkürzung für »Middle East and North Africa«, auf Deutsch: »Naher Osten und Nordafrika«. In Deutschland wird diese Abkürzung allerdings hauptsächlich in politischen Zusammenhängen verwendet.

Wenn du auf einer Karte schaust, wo der Irak geografisch liegt, siehst du, dass er an mehrere Länder grenzt. Demografisch gesehen hat der Irak seit jeher eine Bevölkerung mit vielerlei Ethnien. Deswegen ist die Esskultur so vielfältig und unterschiedlich, und das Thema wird dir manchmal auch beim Einkauf für die Rezepte aus diesem Buch begegnen.

Schau, was bei dir in der Nähe erhältlich ist. Getrocknete Hülsenfrüchte, Ghee und allerlei Getreide erhältst du in allen orientalisch-nordafrikanischen Supermärkten und in den Abteilungen für internationale Lebensmittel bei größeren Supermärkten und Bioläden sowie in türkischen Geschäften und Asia-Läden. Das heißt also, dass du, je nachdem, wo du wohnst, eventuell im Internet einkaufen musst, um alle Zutaten zusammenzubekommen. Mit der Ankunft der Syrer ist das Angebot in den Geschäften heutzutage schon erheblich größer, als ich es bei meiner Ankunft in den Niederlanden vorfand, also nutze es aus.

IRAKISCHER SUPERMARKT

Im irakischen Supermarkt hast du für die Rezepte in diesem Buch auf jeden Fall Erfolg. Tigris & Eufraat ist mein liebster irakischer Supermarkt in der Amsterdamer Javastraat, vor allem wegen der haltbaren Produkte. Man kann dort begehrte Zutaten finden wie Gereesh (fein gemahlene, ungekochte Weizenkörner, aus denen man Kibbeh zubereiten kann, siehe auch Seite 114), aber auch gutes Tahin, Aprikosenleder, dicke Bohnen ohne Hülsen, Rosen- und Orangenblütenwasser und getrockneten Knoblauch.

SYRISCHER SUPERMARKT

Beim Syrer findest du in jedem Fall fast alles, was du brauchst, wie die Mini-Zucchini, die im Zucchini-Eintopf (Seite 62) und zu Misslungenen Dolma (Seite 95) sehr gut schmecken, du kannst aber auch ganz prima gutes Za'atar, Granatapfelsirup, Freekeh, geschälte Pistazien und Akkawi-Käse für die authentische Kunafe von Seite 212 dort kaufen.

IRANISCHER SUPERMARKT

Selbstverständlich findest du auch in iranischen Supermärkten viele Produkte, mit denen ich koche. Ein Abstecher in diese Läden ist praktisch, wenn du Kashk – getrockneten Joghurt – beispielsweise für das Ash Reshteh auf Seite 181 suchst. Auch Safran, Berberitzen und die Ghormeh-Sabzi-Kräutermischung kannst du hier bekommen.

TÜRKISCHER SUPERMARKT

Du triffst in diesem Buch bei Gerichten und oft verwendeten Zutaten auch auf Überschneidungen mit der türkischen Küche. Zutaten wie getrocknete Auberginen für die Misslungenen Dolma von Seite 95 kannst du daher auch gut in türkischen Geschäften bekommen, genau wie die Paprikapaste, mit der ich Gerichte häufig abschmecke. Du findest diese Paste unter dem türkischen Namen »Biber salçasi«.

GRIECHISCHER SUPERMARKT

In griechischen Geschäften kannst du häufig das Halbfertigprodukt Kadayif (oder Kadaifi oder Engelshaar) für die Kunafe (Seite 212) finden, aber auch leckere Fertig-Pitabrote und eingelegte Weinblätter für die Dolma-Rezepte (Seite 95 und 97). Zudem wird beim Griechen manchmal wilder Oregano verkauft, das ist die Zutat, mit der du köstliches Za'atar (Seite 209) zubereiten kannst.

MAROKKANISCHER SUPERMARKT

In marokkanischen Lebensmittelgeschäften habe ich häufig Erfolg, wenn ich Lammfleisch brauche, dort gibt es aber auch oft ein großes Angebot an Gemüse, zum Beispiel die Herbstrübe für das Rote Torshi (Seite 195). In der marokkanischen Küche verwendet man auch viel Grieß, daher kannst du hier allerlei Grießsorten finden, auch die, die du für Kibbeh't Adom brauchst (Seite 128).

INDISCHER/PAKISTANISCHER SUPERMARKT

Zwischen Irak und Indien gibt es viele Handelsbeziehungen, und die kulinarischen Spuren dessen sind deutlich erkennbar. In indischen und pakistanischen Lebensmittelläden hast du Erfolg, wenn du Tamarinde oder grobe Kokosraspeln suchst. Auch Gewürze und Kräutermischungen kannst du in diesen Geschäften oft in guter Qualität finden. Wir schwören zu Hause auf die Marke »TRS«.

ASIATISCHER GROSSHANDEL

In asiatischen Großhandelsläden kannst du auch das ein oder andere finden, dann geht es aber vor allem um das indische Sortiment. Außerdem kannst du in der Abteilung mit frischen Kräutern chinesischen Schnittlauch kaufen, ein sehr feines Element deines Rohkostsortiments, das vor allem zu den Misslungenen Dolma (Seite 95) sehr gut passt.

MIDDLE EA
SANDWIC

Baladna
بلدنا
فريكة
Premium quality
ROASTED GREEN WHEAT
GRÜNER WEIZEN
800 g
BASRA DATE SYRUP
Dried Roses
50 g e
NAMAZI TRADING
Dried Shallot
Skalot
SHAWARMA LAM
MAALTIJD SHAWARMA
ZA'TAR

SCHNELLKURS »VORLAUT« AUF IRAKISCH

Iraker sind für ihre lustige Redeweise bekannt. Wir verwenden oft Wörter, die in keinem anderen arabischsprachigen Land vorkommen, und viele Produktnamen lassen sich von der amerikanischen oder britischen Marke ableiten, die es einst einführte. So sagt im Irak jeder Bibsi zur Cola (nach Pepsi), zu Waschmittel Taatjet (nach Tide); dabei wird p natürlich immer wie b gesprochen. Ich liste dir auf der nächsten Seite eine kleine Auswahl von Ausdrücken auf, mit denen du in allerlei Situationen bestehen kannst. Viele Wörter sind im Arabischen gendergebunden; soweit ich weiß, kommt die weibliche Form im arabischen Sprachgebrauch einer nonbinären Ausdrucksweise am nächsten.

»KUBBETHA FEDIEHA«

»Ihr Kibbeh ist eine Schande.«

»DEJAATJITSCH NACHIF«

»Dein Hühnchen schmeckt trocken.«

»LA BALLAH«

»Ach, im Ernst?« Als Reaktion auf eine Geschichte oder eine Behauptung, ist oft spöttisch gemeint. »Ich koche sehr oft authentisch irakisch! Rote-Bete-Hummus ist mein Lieblingsgericht.« »La ballah ...«

»BAYTUTIEH«

»Hausmütterchen« oder die ideale Traumfrau des irakischen patriarchalen Heteromannes. Sie steht früh am Morgen auf, um frisches Geymar zu holen, und sorgt dafür, dass tagtäglich schön drei warme Mahlzeiten auf dem Tisch stehen.

»KHALA«

»Deine Tante« oder jede andere weibliche Verwandte oder Bekannte deiner Eltern, die mindestens zehn Jahre älter ist als du. Wage es nicht, diese Frau mit ihrem Vornamen anzusprechen, solange du nicht verheiratet bist – du hast schneller einen Pantoffel im Gesicht, als du das irakische Wort für Pantoffel (na'aal) auch nur aussprechen kannst.

»AMU«

»Dein Onkel« oder jeder andere männliche Verwandte oder Bekannte deiner Eltern, der mindestens zehn Jahre älter ist als du. Wage es nicht, diesen Mann mit seinem Vornamen anzusprechen, solange du nicht verheiratet bist – du hast schneller einen Pantoffel und das Gerücht an der Backe, eine Schlampe zu sein, als du das irakische Wort für Pantoffel (na'aal) auch nur aussprechen kannst.

»BARAKA«

»Gesegnet«. Wenn jemand zum Beispiel fragt, ob auch genug Essen für die drei Leute da ist, die unerwartet zum Essen bleiben, sagst du: »Baraka«.

»GOOSCH MARQUAT BAMYE WALLAH«

»Dies ist ein super gelungener Okra-Eintopf.«

»TABUKA«

»Ziegelstein«. Wenn du jemandes Kibbeh-Ehre für alle Zeit beschädigen willst, sagst du: »Kubbehtitsch tjenha tabuka« (deine Kibbeh ist wie ein Ziegelstein). Autsch.

»TAGAMIS«

Etwas mit Brot auftunken oder Brot hineindippen.

»EL EKIL KAHAT«

»Dieses Essen ist wirklich armselig.« Wenn du kochst und dabei nicht bedacht hast, dass deine gesamte Großfamilie zum Essen erscheint, kannst du diesen Satz erwarten, wenn der irakische Amu eintritt.

»EL EKKIL IESAKKIT«

Wenn ein Essen so köstlich ist, dass du am Tisch nichts mehr sagst. Ein Essen zum Stillwerden.

»AAJEZ MILLIH«

»Dein Essen braucht noch ein bisschen Salz«. Iraker haben, unter anderem durch eine kebabreiche Ernährung, eine recht hohe Salztoleranz – und eine überdurchschnittliche Häufigkeit von Herzattacken.

»QUTIA«

»Eine Dose«. Im Irak ist eine Dose Luxus und die Glasflasche etwas für Arme. Hierzulande ist es umgekehrt.

»NIKSOMHA BI ANNOS«

»Ein belegtes Brötchen halbieren«. Diesen Ausspruch wirst du unter Irakern öfter hören; er geht auf das Bestreben zurück, alles zu teilen. Irakische Touristen erschrecken auch manchmal über die Preise von Streetfood in den Niederlanden und wollen gelegentlich sogar ein belegtes Brötchen halbieren, um ihren Wochenendausflug nach Amsterdam zu überstehen.

»CHROUKIE«

Mein irakisches Idol Hussam Al Rassam, dessen Musik ich ohne jede Ironie höre, ist ein klassisches Beispiel für einen Chroukie: jemand, der plakativ irakisch ist, ohne sich dafür zu rechtfertigen. Um ein ausgewiesener Chroukie zu sein, musst du deine Mutter immer und überall mit »Yumma« anreden und mindestens einmal in einer Shisha-Lounge mit irakischem Bauchtanz gewesen sein.

FRÜHSTÜCK

BAJILLA BIL DIHIN • KHUBZ SIYAH

LABLABI • QAMAR AL DEEN CHOVAN

MAKHLAMA • FUL MEDAMES • FATAYER AL ZA'ATAR

GEYMAR • NOOMI LABNEH • MAKDOUS • KHUBZ TANOUR

ÜBER DAS FRÜHSTÜCKEN IM IRAK

Iraker nehmen ihr Frühstück sehr ernst – dasselbe gilt im Grunde für ihr Mittag- und Abendessen. Am liebsten isst man drei warme Mahlzeiten am Tag. Eilig ein Sandwich zwischen die Zähne zu schieben ist keine Option.

Der Grundgedanke eines irakischen Frühstücks ist, dass man bei Geschmack und Textur Abwechslung hat, sodass man alle Kombinationen kosten und schön lange am Tisch sitzen kann. Die meisten Frühstücksgerichte sind aus Resten der Mahlzeit vom Vortag entstanden. Stell dir übrig gebliebene Hülsenfrüchte und altes Brot vor, ergänzt mit eingelegtem Labneh und frischem Gemüse. Ich empfehle allen, regelmäßig Hülsenfrüchte zu kochen und portionsweise einzufrieren, sodass man immer im Handumdrehen eine ausgedehnte Mahlzeit auf den Tisch zaubern kann, auch dann, wenn keine Reste im Kühlschrank sind. Eigentlich ist es sehr einfach, solange man die richtigen Elemente kombiniert.

Auf der nächsten Seite findest du eine Übersicht über die Komponenten, die oft standardmäßig auf dem Tisch stehen. Sie sind als Ergänzung zu allen Frühstücksgerichten aus diesem Kapitel zu verwenden.

OLIVEN

Ich hole meine Oliven immer in einem orientalischen Supermarkt und wähle dort eine Sorte mit Stein und mit festem Fruchtfleisch aus. Diese Oliven würze ich dann selbst mit süßem Paprikapulver und getrocknetem Basilikum und bewahre sie in einem Gefäß mit Olivenöl und ein paar Scheiben Zitrone auf. So habe ich immer schmackhafte Oliven im Haus.

ROHKOST

Auf Seite 56 gehe ich ausführlich darauf ein, wie wichtig ein Rohkost-Ensemble zur Mahlzeit ist. Zum Frühstück sind die meistverwendeten Gemüse und Kräuter Mini-Salatgurken, Basilikum, Gartenkresse und chinesischer Schnittlauch. Man isst die Rohkost als eine Art gaumenreinigendes Zwischengericht zu den Frühstücksspeisen.

JOGHURT

Joghurt steht standardmäßig auf dem Tisch. Es kann Labneh (Seite 164) sein oder ein dickflüssiger Joghurt nach Wahl.

WARMES BROT

Auf den Seiten 49 und 154 stelle ich dir zwei typische irakische Basis-Brotrezepte vor. Solltest du keine Zeit oder keine Lust zum Backen haben, dann achte darauf, fertiges Brot mit wenig weicher Masse in der Mitte zu nehmen. Wenn ausnahmsweise ein Baguette auf der irakischen Frühstückstafel liegt, siehst du nach dem Frühstück überall weiße Klümpchen davon auf dem Tisch. Niemand möchte das weiche Brotinnere haben. Kaufe also Pita, Fladenbrot, Naan-Brot oder ansonsten ein gutes Ciabatta, aber »normales« Brot in Scheiben, das geht nicht.

SOSSEN

Eine scharfe Soße ist im Prinzip ein Muss zum Frühstück. Auf meinem Frühstückstisch ist es momentan das eingelegte Chili von Seite 202. Bei uns zu Hause hatten wir zum Frühstück auch oft Sambal Oelek griffbereit für Gerichte wie Bajilla bil Dihin (Seite 31).

GEBRATENE TOMATE

Wenn du nicht schon ein aufwendiges Gericht mit Tomaten zubereitest, ist es immer köstlich, gebratene Tomaten aus der Pfanne am Tisch zu servieren. Hierfür häutest du die Tomaten und brätst sie dann in viel Olivenöl mit etwas Zwiebel weich. Mit Zitronensaft beträufeln und servieren.

SCHWARZTEE

Schwarztee, vorzugsweise mit Kardamom und einer gehörigen Menge Zucker, darf beim irakischen Frühstück nicht fehlen. Der leckerste Tee, den ich empfehlen kann, ist der hochgelobte englische Tee der Marke Ahmad Tea.

FRISCHE ZITRONE

Neben dem süßen Frühstücksangebot stehen immer Speisen auf dem Tisch, über die man Zitronensaft pressen kann. Ein Schüsselchen mit Zitronenspalten ist das Normalste auf dem Frühstücksbuffet, genauso normal wie die Salz- und Pfeffermühle auf dem Tisch.

FÜR 4 PORTIONEN | ZUBEREITUNGSZEIT: 3 STUNDEN | EINWEICHZEIT: 8 STUNDEN

BAJILLA BIL DIHIN

GETROCKNETE DICKE BOHNEN MIT GHEE

Bajilla bil Dihin heißt wörtlich übersetzt: dicke Bohnen (Bajilla) in Fett (Dihin). Du weißt, dass ein Gericht vielversprechend ist, wenn es in Ghee ertrinkt und vielleicht nicht ganz so hübsch aussieht. Für die Bajilla musst du in den orientalischen Supermarkt gehen und nach den braunen, getrockneten und ungeschälten dicken Bohnen suchen. Sie schmecken erdiger als frische. Wenn du die Bohnen lange genug kochst, werden sie fast cremig und sämig und ihre Schalen gut essbar. Dieses Gericht isst du ohne Besteck. Iraker nennen das *tagamis* – »etwas essen, indem man es mit dem Brot aufnimmt«.

ZUTATEN

150 g getrocknete dicke Bohnen, mindestens 8 Stunden eingeweicht
3 Lorbeerblätter
Salz nach Geschmack
Öl zum Frittieren oder Braten
4 Eier
3 EL Ghee
2 Fladenbrote (Seite 49) oder 3 Naan-Brote
Saft von 1 Zitrone
½ EL getrocknete Minze
½ EL Aleppo-Chiliflocken

1. Die eingeweichten dicken Bohnen in einem großen Topf zum Kochen bringen – darauf achten, dass sie ganz mit Wasser bedeckt sind. 10 Minuten ohne Deckel kochen. Den weißen Schaum abschöpfen, der an die Oberfläche steigt, und die Bohnen abgießen. Mit warmem Wasser abspülen. Bohnen erneut mit frischem Wasser und mit dem Lorbeerblatt zum Kochen bringen. In 3 Stunden auf niedriger Stufe gar kochen; sie sind gar, wenn die Schale weich ist. Nach 2 ½ Stunden Salz nach Geschmack zugeben.
2. Die Eier in 170 °C heißem Öl braten oder ein Omelett zubereiten. Ghee in einer Bratpfanne erhitzen.
3. Das Gericht zusammenfügen: in eine Schale zuerst eine Schicht aus grob zerrissenem Fladenbrot legen. Darauf die dicken Bohnen mit etwas Kochflüssigkeit verteilen; dadurch wird das Brot feucht. Mit dem sehr heißen Ghee übergießen und so viel Zitronensaft darüber auspressen, wie du magst. Zum Schluss die Eier dazugeben und mit der getrockneten Minze und den Aleppo-Chiliflocken bestreuen. Kosten und nach Belieben nachsalzen.

ISO 9001
Esfedan
Saffron

KHUBZ SIYAH

REISMEHLPFANNKUCHEN MIT SAFRANBUTTER UND RÜHREI

Es ist mir ein Rätsel, wie man mit drei Zutaten – vier, wenn man Sonnenblumenöl mitzählt – einen so guten Pfannkuchen auf den Tisch bringen kann. Man isst diesen Pfannkuchen wie Fladenbrot (mit Messer und Gabel). Manche Hardcore-Iraker finden: »Je dünner der Khubz Siyah, umso besser«. Ich sehe es nicht so schwarz-weiß, er darf gern etwa mitteldick sein. Es macht nichts, wenn der Pfannkuchen nicht ganz wohlgeformt aus der Pfanne kommt, wichtig ist, dass er einen leicht knusprigen Biss hat. Nimm dafür eine schwere Bratpfanne (idealerweise aus Gusseisen), damit du diese Bläschen und Fältchen für eine knusprige Textur hinbekommst.

ZUTATEN

150 g Reismehl
1 TL Salz
200 ml Wasser
Öl
2 Frühlingszwiebeln, in dünne Ringe geschnitten
4 Eier, verquirlt
1 TL Safranfäden
½ TL Meersalz
30 g Butter, Zimmertemperatur

Zusätzlich benötigst du:
schwere Bratpfanne, am besten Gusseisen; Mörser

1. Reismehl mit 1 TL Salz mischen und etwas Wasser hinzugeben. Den Teig kneten und immer mehr Wasser hinzugeben, bis ein gleichmäßiger Teig entstanden ist.
2. Nun 1 EL Öl in einer schweren Pfanne auf mittlerer Stufe erhitzen. Ein Viertel der Teigmenge in die Mitte der Pfanne geben und durch kreisende Handbewegungen oder mit einer Kelle nach außen verteilen. Sofort Deckel auflegen. Khubz wenden, wenn die Oberseite trocken ist, der Rand angetrocknet und die Unterseite knusprig ist. Auch die andere Seite braten. Aus der Pfanne nehmen, beiseitestellen und mit dem restlichen Teig ebenso verfahren.
3. Etwas Öl erhitzen, Frühlingszwiebeln kurz anbraten und die verquirlten Eier hinzugeben. Rührei zubereiten.
4. Safran mit ½ TL Meersalz in einem Mörser mahlen und mit einer Gabel in die Butter einarbeiten.
5. Die heißen Khubz mit der Butter bestreichen und mit dem Rührei servieren.

TIPP

Rührei kannst du durch gebratene Kapuzinererbsen mit etwas Kreuzkümmel, Paprikapulver und fein geschnittene Frühlingszwiebel ersetzen.

FÜR 4 PORTIONEN · ZUBEREITUNGSZEIT: 1 STUNDE · EINWEICHZEIT: 8 STUNDEN

LABLABI

KICHERERBSEN IN ZITRUSBRÜHE

Diese Frühstücksbrühe habe ich im Irak vor allem an Straßenständen in der alten Innenstadt von El Khadoum gekauft. Die Einheimischen staunten nicht schlecht über meine Erscheinung und wussten mich mit kreativsten Anspielungen darauf hinzuweisen, zum Beispiel nannten sie mich Zardeh (Seite 227), als ich zufällig ein gelbes Outfit trug. Meine Lieblingstante verteidigte meine Ehre dann, sodass ich meine Suppe in aller Ruhe genießen konnte. Das Schöne an Lablabi: Das Gericht ist kraftvoll in seiner Schlichtheit. Die Kochflüssigkeit wird mit Zitrusfrüchten, frischen Kräutern und – wenn du willst – einigen Soßen wie der Makdous von Seite 46 gewürzt. Pomeranzen sind nicht ganz leicht zu beschaffen, aber wenn du stattdessen Orangen-, Grapefruit- und Zitronensaft kombinierst, kommst du der Sache recht nahe.

ZUTATEN

150 g getrocknete Kichererbsen, 8 Stunden eingeweicht
1 Schalotte, ganz
10 Gewürznelken, zerdrückt
1 getrocknete Limette
2 Sternanis
1 rote Chilischote, ganz
1½ TL Salz
Saft von 1 Zitrone
Saft von 1 Orange
Saft von 1 Grapefruit (optional)
Blätter von 4 Stängeln Estragon
Blätter von 4 Stängeln Blattpetersilie

1. Die eingeweichten Kichererbsen in einem Topf mit einer großzügigen Menge Wasser zum Kochen bringen. Den weißen Schaum abschöpfen, der sich beim Kochen oben absetzt. Kichererbsen nach 10 Minuten in ein Sieb abgießen und mit warmem Wasser abspülen.
2. Nun 1½ l Wasser zum Kochen bringen und die Kichererbsen hinzufügen. Schalotte, Nelken, getrocknete Limette, Sternanis und Chilischote hinzugeben und die Kichererbsen gar kochen. Die Garzeit hängt vom Alter der Kichererbsen ab, im Schnitt sind sie jedoch nach 1 Stunde fertig. Nach 45 Minuten das Salz hinzugeben.
3. Schalotte, getrocknete Limette und Chilischote aus dem Topf nehmen.
4. Zitronen-, Orangen- und eventuell Grapefruitsaft mischen.
5. Zur warmen Brühe einen Schuss des Saftes hinzugeben. Die Kichererbsen servieren und mit frischen Kräutern garnieren.

QAMAR AL DEEN CHOVAN

HAFERFLOCKENBREI MIT APRIKOSENLEDER

Aprikosenleder ist eine dünne Schicht gepresste Aprikose, die zum Trocknen in der Sonne lag. Dieser Frühstücksbrei ist kein konventionelles irakisches Rezept, aber auf Qamar al Deen bin ich ganz versessen. Aprikosenleder kannst du in fast jedem orientalisch-nordafrikanischen Supermarkt finden. In irakischen und iranischen Läden werden auch die saure Variante sowie andere Fruchtledersorten verkauft. Die kannst du auch naschen. Die Variante aus Aprikose ist auch zum Kochen sehr lecker.

ZUTATEN

1 l (Soja-)Milch
1 TL Muskatnuss
½ TL Zimt
2 TL Zucker
4 Kardamomkapseln
200 g Haferflocken
200 g Aprikosenleder, in kleinen Stücken
120 ml kochendes Wasser
40 g geschälte Pistazien

Zusätzlich benötigst du:
Mixer

1. Milch mit Muskatnuss, Zimt und Zucker mischen und das Ganze in einem Stieltopf erwärmen. Kardamom hinzufügen. Zum Kochen bringen. Nun die Haferflocken hinzufügen und umrühren. 3 Minuten auf niedriger Stufe kochen. Topf vom Herd nehmen und kurz stehen lassen.
2. Aprikosenleder in 75 ml kochendem Wasser quellen lassen; 10 Minuten warten. Fruchtleder zusammen mit dem Wasser im Mixer zu einer glatten Soße pürieren.
3. Etwas Aprikosensoße auf den Brei schöpfen und mit den Pistazien garnieren.

FÜR 4 PORTIONEN | ZUBEREITUNGSZEIT: 20 MINUTEN

MAKHLAMA

POCHIERTE EIER IN TOMATENSOSSE

Iraker können im Prinzip dreimal täglich warm essen. Dies ist ein Frühstücksgericht, das ich mache, wenn ich beim Aufstehen Appetit auf Abendessen habe. Shakshuka kennen ja bereits viele; Makhlama ist ein ähnliches Gericht, hat aber etwas mehr Biss und ist anders gewürzt. Großzügig Zitronensaft darüberspritzen.

ZUTATEN

1 TL Koriandersamen
1 TL Kreuzkümmelsamen
1 TL Pimentkörner
1 TL schwarze Pfefferkörner
1 TL Paprikapulver
2 EL Olivenöl
1 Zwiebel, klein geschnitten
300 g Hackfleisch vom Lamm
3 Knoblauchzehen, gerieben
2 Tomaten, gewürfelt
Salz nach Geschmack
4 Eier
8 Stängel Petersilie, fein geschnitten
1 Frühlingszwiebel, in dünne Ringe geschnitten
1 TL Aleppo-Chiliflocken
Saft von 1 Zitrone

Beilage: Brot nach Wahl, ich würde frisches Samoun (Seite 154) nehmen.

Zusätzlich benötigst du:
Mörser

1. Koriander- und Kreuzkümmel sowie Pimentkörner kurz auf niedriger Stufe rösten. Die gerösteten Gewürze in einem Mörser mit den Pfefferkörnern mahlen und das Paprikapulver hinzugeben.
2. Olivenöl in einer großen Bratpfanne erhitzen und die Zwiebel 4 Minuten auf hoher Stufe braten. Gewürzmischung hinzugeben und noch 1 Minute mitbraten.
3. Hackfleisch mit einer Gabel auflockern, fein zerkleinern und 3 Minuten auf hoher Stufe mitbraten. Hitze reduzieren und Knoblauch, Tomate und etwas Salz nach Geschmack hinzugeben. Nochmals 4 Minuten braten.
4. Mit einem Löffel 4 Vertiefungen in das Tomaten-Hackfleisch-Gemisch drücken und in jede 1 Ei aufschlagen. Deckel auflegen und das Ganze 5–8 Minuten weiterbrutzeln lassen. Das Gericht ist fertig, wenn das Eiweiß gestockt ist.
5. Das Makhlama mit Petersilie und Frühlingszwiebel garnieren, mit Chiliflocken bestreuen und mit Zitronensaft beträufeln.

TIPP

Hackfleisch kannst du durch geschälte dicke Bohnen ersetzen. Du findest sie im Tiefkühlfach im orientalisch-nordafrikanischen Supermarkt.

FÜR 4 PORTIONEN | ZUBEREITUNGSZEIT: 15 MINUTEN

FUL MEDAMES

KAPUZINERERBSEN-KORIANDER-DIP

Ful Medames wird vor allem in Ägypten viel gegessen. Für das traditionelle Ful nimmt man Ackerbohnen in der Dose, die bekommst du in jedem orientalisch-nordafrikanischen Supermarkt. Für dieses Rezept finde ich das nicht so schmackhaft, denn man püriert alles, und dann sind diese Schalen der dicken Bohnen nicht so lecker. Je mehr Olivenöl, desto besser. Ich esse Ful am liebsten warm. Es ist ein sehr nahrhaftes Gericht, nicht umsonst ist es bei der ärmeren Bevölkerung der Levante so beliebt. Hier ist das Grundrezept beschrieben, du kannst das Gericht aber nach Herzenslust erweitern, indem du andere Toppings nimmst, zum Beispiel weich gekochte Eier, gebratenes Gemüse und geschmortes Fleisch.

ZUTATEN

200 g Kapuzinererbsen aus der Dose (Abtropfgewicht)
200 g gar gekochte Kichererbsen
1½ TL Kreuzkümmelsamen, geröstet
1 TL Koriandersamen, geröstet
Meersalz
50 g frischer Koriander, Blatt und Stängel
3 Knoblauchzehen, ganz
Saft von 1 Zitrone
7 EL Olivenöl plus Öl zum Beträufeln
50 g Tahin, verdünnt mit 2 EL Wasser
1 Fleischtomate, dünn gewürfelt

Beilage: Samoun (Seite 154) oder Pitabrot

Zusätzlich benötigst du:
Mörser, Kartoffelstampfer

1. Die Kapuzinererbsen abgießen und abspülen. Zusammen mit den Kichererbsen in einem Topf mit 100 ml Wasser erwärmen.
2. Kreuzkümmel- und Koriandersamen mit etwas Meersalz im Mörser mahlen. Frischen Koriander fein schneiden und mit dem Knoblauch hinzufügen. Nach und nach noch etwas Salz zufügen und zu einer Paste vermahlen. Zum Schluss Zitronensaft hinzugeben.
3. Kapuzinererbsen und Kichererbsen abgießen und nach und nach die Gewürzpaste hinzugeben, zugleich die Hülsenfrüchte mit einem Kartoffelstampfer leicht zerquetschen. Olivenöl in Etappen hineingießen. Kosten, ob noch Salz fehlt.
4. Tahin über das Ful gießen und mit Tomate garnieren. Ful schmeckt lauwarm am allerbesten.

FATAYER AL ZA'ATAR

MAMAS HERZHAFTE KEKSE

OK, das hier ist eigentlich kein richtiger Keks (»Käcks« ausgesprochen in Erstgenerations-Migrantisch), sondern eher eine Art Pastete. Wie auch immer: Es ist ein warmer, herzhafter Snack, den meine Mutter sonntags serviert – Teil eines Frühstücksensembles mit Oliven, Mini-Salatgurken, Labneh und frischen Kräutern. Man isst natürlich mehr als einen, und was übrig ist, kann man gut einfrieren.

ZUTATEN

500 g Mozzarella
350 g griechischer Joghurt (10 % Fett)
400 g Weizenmehl Type 405
130 ml Olivenöl plus Öl zum Einfetten
35 g getrockneter Oregano
1 TL Salz

Zusätzlich benötigst du:
Backpapier

1. Den Ofen auf 200 °C Ober-/Unterhitze (Umluft: 180 °C) vorheizen.
2. Mozzarella in 1 × 1 Zentimeter große Würfel schneiden und mit den restlichen Zutaten vermischen. Mehrere Minuten lang gründlich zu einem Teig kneten.
3. Ein Backblech mit Backpapier auslegen und mit etwas Olivenöl einfetten. Aus dem Teig ungefähr 24 walnussgroße Bällchen formen und auf das Blech legen; zwischen den Teigbällchen genügend Abstand lassen. Bällchen flachdrücken und in 15 Minuten auf der mittleren Schiene goldbraun backen.
4. Die Kekse idealerweise warm servieren, dann schmecken sie am besten.

FÜR 4 PORTIONEN · ZUBEREITUNGSZEIT: 10 MINUTEN

GEYMAR

BURRATA IN SAHNE

Geymar ist mit Abstand das luxuriöseste Frühstück aus dem Irak. Wenn ich an Geymar denke, dann denke ich ans Aufwachen am ersten Tag, wenn ich dort bin. Während ich in einer neuen Djellaba, die meine Tante Siham auf meinem Bett bereitgelegt hat, nach unten schlendere, rieche ich den Duft von frischem Samoun und frischem Geymar. Ich habe lange überlegt, ob ich das traditionelle Rezept mache, aber allein die Suche nach Büffelmilch ist schon ein Aufstand, ganz zu schweigen vom Fermentierungsprozess, der darauf folgt. Und seien wir ehrlich – letztendlich ist Geymar einfach nur sehr dicke Büffelmilch-Sahne. Für ein einigermaßen authentisches Erlebnis empfehle ich dir jedoch, dazu frisches Samoun (Seite 154) zu backen.

ZUTATEN

100 ml schöne frische Vollmilch (Kuh)
75 ml frische Schlagsahne (35 % Fett)
300 g Burrata
köstlicher Honig

Beilage: Samoun (Seite 154), Schwarztee und Feigenmarmelade

1. Milch und Sahne in einer tiefen Schüssel vermischen. Burrata in der Sahnemischung aufreißen. Etwas Honig darüberträufeln.
2. Mit dem Brot aufdippen.

FÜR 10 STÜCK · ZUBEREITUNGSZEIT: 30 MINUTEN · ABTROPFZEIT: 2 TAGE · WARTEZEIT: 1 STUNDE

NOOMI LABNEH

EINGELEGTE JOGHURTBÄLLCHEN MIT GETROCKNETER LIMETTE UND ZA'ATAR

Ein levantinisches Frühstück ist oft ein Tisch voller kleiner Teller mit frischen Kräutern, Mini-Salatgurken, Oliven, Joghurt, Brot und natürlich Schwarztee. Die Kombination Joghurt, Brot und Schwarztee kannst du im Grunde als Heilige Frühstücks-Dreifaltigkeit betrachten. Lässt du Labneh einen Tag lang abtropfen, erhältst du einen cremigen Dip; nach zwei Tagen ist die Textur mehr wie bei Käse. Die Flüssigkeit, die aus dem Joghurt tropft, nennt man Molke, und du kannst sie als eine Art Protein-Booster in dein Frühstück mixen.

ZUTATEN

1 kg Ziegenjoghurt
1 TL Salz
3 getrocknete schwarze Limetten
5 EL Za'atar (Seite 209) oder Fertigprodukt)
500 ml Olivenöl nativ extra plus etwas Öl zum Ergänzen

Beilage: Labneh verlangt nach warmem Samoun (Seite 154). Aber Fladenbrot, libanesisches Brot oder Pitabrot geht auch.

Zusätzlich benötigst du:
sauberes Geschirrtuch, Bindfaden, hohe Kanne, Kaffee- oder Gewürzmühle oder Mörser, 1-l-Glasgefäß

1. Joghurt mit Salz mischen. Sieb mit dem sauberen Geschirrtuch auskleiden und Joghurt hineingießen. Die Spitzen des Geschirrtuchs zusammenlegen und mit einem Bindfaden zusammenbinden, sodass ein Beutel entsteht. Beutel zwei Tage lang am Griff einer hohen Kanne über einer Schüssel (zum Auffangen der Molke) aufhängen. Nach einem Tag das Tuch etwas fester zuziehen.
2. Die Limetten halbieren, Kerne entfernen und in einer Gewürzmühle oder einem Mörser zu Pulver mahlen. Mit dem Za'atar mischen.
3. Aus dem abgetropften Joghurt kleine, walnussgroße Bällchen formen – die Labneh. Die Bällchen auf einem Teller im Limettenpulver wälzen und 1 Stunde im Kühlschrank fest werden lassen.
4. Ein Glasgefäß sterilisieren und zur Hälfte mit Olivenöl füllen. Die Bällchen vorsichtig hineinfallen lassen. Mit Olivenöl aufgießen, bis alles bedeckt ist. Gewaschene Oreganozweige vorsichtig in den Topf geben.
5. Labneh-Bällchen im Kühlschrank aufbewahren. Sie schmecken am besten, wenn man sie vor dem Servieren herausnimmt und auf Zimmertemperatur erwärmen lässt. Mit etwas Olivenöl aus dem Gefäß servieren. Labneh hält sich im Kühlschrank einen Monat.

FÜR 1-LITER-GEFÄSS | ZUBEREITUNGSZEIT: 45 MINUTEN | PÖKELZEIT: 2 TAGE | EINLEGEZEIT: 7 TAGE

MAKDOUS

EINGELEGTE GEFÜLLTE AUBERGINEN

Makdous ist eines der Gerichte, die seit jeher als Wintervorrat zubereitet wurden. In Damaskus ließ meine Mutter die Auberginen ein paar Tage in der glühenden Sonne hängen, sodass sie ihre gesamte Flüssigkeit verloren. Für dieses Makdous nehme ich indische Mini-Auberginen; du erkennst sie an ihrer Eiform und der dunkelvioletten Farbe. Ich habe es mit italienischen Mini-Auberginen versucht, aber deren Schale wurde ledrig, und dem Fruchtfleisch fehlte diese cremige Textur, die die indischen Auberginen haben. Im Sommer bekommt man sie sehr gut in orientalischen und asiatischen Supermärkten. Erschrick nicht über die Salzmenge in diesem Rezept, das Salz wird mit der Flüssigkeit weggespült, und die Auberginen werden weniger salzig, je länger sie im Öl verbleiben. Am besten schmeckt das Makdous in einem Frühstücksensemble aus Labneh, Oliven, frischen Kräutern, Brot und Schwarztee.

ZUTATEN

1 kg indische Mini-Auberginen
120 g Kochsalz
150 g geschälte Walnüsse
1 TL Koriandersamen, kurz geröstet
5 Knoblauchzehen, gerieben oder gepresst
1½ EL Harissa
1 EL Aleppo-Chiliflocken
500 ml Olivenöl nativ extra plus 3 EL für die Füllung

Zusätzlich benötigst du:
Frischhaltefolie, Mörser, 1-l-Weckglas

1. Auberginen waschen, Stiel abschneiden, aber das Krönchen (Stielansatz) dran lassen. Auberginen in einem Topf mit viel Wasser 10 Minuten bei mittlerer Hitze kochen. Zwischenzeitlich wenden, sodass sie gleichmäßig garen. Vom Herd nehmen und noch 10 Minuten im Wasser liegen lassen. In ein Sieb abgießen und mit eiskaltem Wasser abspülen.
2. Stielansatz entfernen. Auberginen längs bis ½ cm vor der Spitze tief einschneiden. Durch das Pökeln wird das Innere der Aubergine aufquellen, also nicht erschrecken, wenn es aussieht, als passte keine Füllung hinein.
3. Auberginen an der Innenseite mit ½ EL Salz einreiben; auch die Außenseite mit Salz einreiben. Es ist am praktischsten, immer ein wenig Salz auf einen Teller zu legen und die Aubergine mit der Außenseite hineinzudippen. Mit der Öffnung nach unten in ein Sieb legen und auf jede Schicht Auberginen im Sieb noch etwas Salz zusätzlich streuen.

4. Das Sieb auf eine tiefe Schale setzen. Plastikfolie auf die Auberginen legen und einen schweren Gegenstand daraufsetzen, zum Beispiel den Mörser oder einen Topf mit Wasser. Die Auberginen 2 Tage stehen lassen. Zweimal täglich die aufgefangene Flüssigkeit in der Schale weggießen.
5. Die Füllung zubereiten. Walnüsse grob hacken und Koriandersamen im Mörser fein mahlen. Walnüsse und Koriandersamen mit Knoblauch, Harissa, Aleppo-Chiliflocken und 3 EL Olivenöl vermischen. Auberginen mit dem Gemisch füllen und in ein sterilisiertes Weckglas stecken. Gut andrücken, sodass keine Luft dazwischen verbleibt. Gefäß zur Hälfte mit Olivenöl füllen, die Auberginen müssen noch nicht bedeckt sein. Gefäß verschließen und für einen Tag in den Kühlschrank stellen.
6. Am nächsten Tag das Gefäß mit Olivenöl auffüllen, bis die Auberginen komplett bedeckt sind, und wieder in den Kühlschrank stellen. Nach einer Woche kann man sie essen.

FÜR 7 STÜCK · ZUBEREITUNGSZEIT: 30 MINUTEN · GEHZEIT: 1 STUNDE

KHUBZ TANOUR

FLADENBROT

Fladenbrot aus dem Steinofen bildet gemeinsam mit Reis die Grundlage der irakischen Küche. Mittlerweile findet man Khubz in vielen arabischen Supermärkten, aber für meine Mutter muss ich immer in irakischen Restaurants frisches Khubz erbetteln. In einigen Kebabläden kann ich mich mittlerweile aus diesem Grund nicht mehr sehen lassen. Mit diesem Rezept hast du viele Möglichkeiten, vom Frühstück bis zur Basis für das Tashreeb. Tashreeb ist ein Gericht aus geröstetem Brot, ein Eintopfgericht, bei dem man mit den Händen isst. Khubz Tanour ist idealerweise innen weich genug zum Dippen und außen halb knusprig – dadurch kann es Flüssigkeit aufnehmen, ohne gleich matschig zu werden. Alternativ zu Khubz empfehle ich (fertiges) Naan-Brot.

ZUTATEN

1 EL Zucker
1 EL Trockenhefe
500 g Mehl Type 405 plus 50 g Mehl zum Bestäuben
1 gehäufter EL Vollkornmehl
300 ml lauwarmes Wasser
4 EL Olivenöl
2 TL Salz

Zusätzlich benötigst du:
Pizzastein (optional), großes Geschirrtuch oder sauberes Stück Stoff, kleines Kissen oder dicken Pullover

1. Zucker, Hefe, Mehl, Vollkornmehl und Wasser in einer Schüssel mischen. Den Teig mit einer Küchenmaschine oder mit der Hand etwa 5 Minuten kneten. Ein Stück Frischhaltefolie einfetten. Den Teig damit abdecken und 1 Stunde an einem warmen Ort gehen lassen. Ein Tipp, damit der Teig schnell aufgeht: die Schüssel mit dem Teig in eine Schüssel mit kochend heißem Wasser stellen.
2. Den Ofen auf höchster (Grill-) Stufe vorheizen, mindestens auf 230 °C Ober-/Unterhitze (Umluft: 210 °C). Wird ein Pizzastein verwendet, diesen in den Ofen legen.
3. Die Arbeitsfläche leicht bemehlen und Olivenöl und Salz in den Teig kneten. Den Teig in 5 Kugeln aufteilen. Mit einem Geschirrtuch bedecken und 20 Minuten gehen lassen.
4. Brotkissen herstellen. Ein Geschirrtuch über ein kleines Kissen oder einen dicken Pullover spannen und die Tuchzipfel auf der Rückseite miteinander verknoten. Eine Teigkugel flachdrücken und den Teig gleichmäßig dehnen, indem er von einer Hand in die andere hin und her gegeben wird, wie man es vom Pizzabäcker kennt. Den Teig auf das Brotkissen legen und die Ränder dehnen. Das Brot soll einen Durchmesser von ca. 20 cm haben.
5. Das Brot auf dem Kissen in einer einzigen Bewegung auf den Pizzastein oder auf ein mit Backpapier ausgelegtes Backblech stürzen. Den Teig schnell zurechtrücken, falls er danebenfällt, und den Ofen sofort schließen, damit möglichst wenig Hitze austritt. Richtig ist es, wenn man im Brot schöne Luftbläschen sieht. Nach 2 Minuten das Brot wenden und die andere Seite noch 30 Sekunden bis 1 Minute backen. Das Brot muss noch schön weich, außen aber etwas knusprig sein. Die restlichen Brote bracken und immer darauf achten, dass der Ofen wirklich glühend heiß ist.

EINTÖPFE

BAMIA • MARQAT SHIJAR • MARQUAT LOUBYE

SABZI • FESENJAN • FASULYE

ÜBER EINTÖPFE

Wenn es etwas gibt, das ich mit diesem Buch am liebsten erreichen möchte, dann, dass Marqua (Plural: Marquat) Teil deiner Esskultur wird. Marquat, oder Eintöpfe, sind für die irakische Küche am charakteristischsten. Man bezeichnet etwas als Marqua, wenn man eine schmackhafte Brühe zubereitet – meistens von einer kleinen Menge Lammfleisch mit Knochen – und darin anschließend Gemüse gekocht hat. Es ist eine puristische Art zu essen, die außerdem sehr nahrhaft und unheimlich *beruhigend* ist. Dies alles steht und fällt natürlich mit einem ordentlichen Topf voll lockerem weißem Basmatireis. Dessen Zubereitung hoffe ich dir im nächsten Kapitel nahezubringen.

IMMER ZITRONE

Bei den meisten Marquat in diesem Buch sind Tomate und Knoblauch die Basis. Es ist kein richtiges Marqua, wenn nicht genug Zitronensaft darübergeträufelt wird. Manchmal landet sogar das Zitrusfruchtfleisch auf dem Eintopf. Die irakische Küche wusste etwas so Simples wie Weiße Bohnen in Tomatensoße durch die Zitrone – die Zutat, die alles frischer macht – zu einem Nationalgericht zu erheben.

VEGAN ODER FLEISCH

In der Zeit, als ich im Irak lebte, aßen wir kaum Fleisch, weil es im Krieg unbezahlbar war. Meine Mutter kaufte beim Metzger ein Stück Lammknochen mit vielleicht einem winzigen bisschen Fleisch, doch ausschließlich zum Kochen einer Brühe. Die meisten Marquat werden traditionell auf der Basis von Lammfleischbrühe zubereitet. Einige in diesem Kapitel sind auch authentisch pflanzliche Marquat oder Eintöpfe, bei denen das Weglassen von Fleisch meiner Meinung nach dem Geschmack keinen Abbruch tut. Bei einem Klassiker wie Bamia (Seite 59) will ich hingegen wirklich dieses Lammfleischaroma im Hintergrund schmecken. Du kannst natürlich bei allen Eintöpfen das Fleisch weglassen – dann fehlt ihnen zwar ein bisschen Schmackes, doch das Ergebnis bleibt köstlich.

GETROCKNETE HÜLSENFRÜCHTE

Die Schlichtheit von Marqua steht und fällt damit, dass es korrekt zubereitet wird und man hochwertige Produkte verwendet. Verlangt ein Rezept nach Hülsenfrüchten, dann nimm getrocknete und weiche sie immer eine Nacht vorher ein. Bohnen brauchen Liebe und Geduld, damit sie einem diese leckere Textur bescheren, bereite sie also nicht übereilt zu.

MARQUAT TISHREEB

Aus Marqua-Resten und Khubz Tanour (Seite 49) machst du Tishreeb, ein Resteessen, das man mit den Händen isst. Das Brot röstest du schön knusprig, und das Marqua gibst du dann darauf. Und servierst es natürlich mit Rohkost.

ÜBER DAS ROHKOST-ENSEMBLE

Zu vielen Gerichten nicht Salat, sondern rohes Gemüse und Kräuter zu essen ist kennzeichnend für die irakische Esskultur. Das wirkt erfrischend, und bei schwereren, würzigen Gerichten reinigt es den Gaumen. Es wäre etwas seltsam, beispielsweise zu Marquat, den Eintöpfen – Gerichten, die geschmacklich oft sehr intensiv sind –, eine ganze Schüssel Salat mit Nüssen, Käse und Dressing zu essen. Deswegen reicht man zu solchen Mahlzeiten immer ein Sortiment an Gemüse und Kräutern. Das Schöne hieran ist, dass man ein einfaches Gericht zubereiten kann, das dennoch bei jedem Bissen wieder anders schmeckt.

Ich empfehle dir, für das Rohkost-Ensemble in einen orientalischen oder asiatischen Supermarkt oder Gemüseladen zu gehen. Dort findest du ein breites Angebot mit den schönsten Produkten der Saison zu einem bezahlbaren Preis. Ich habe zu Hause standardmäßig ein Fach im Kühlschrank voller frischer Kräuter, aus dem ich mich nach Herzenslust bediene.

ZWIEBELGEWÄCHSE

Ich falle direkt mit der Tür ins Haus, dann habe ich das wenigstens hinter mir und du kannst dich schon mal an die Idee gewöhnen, falls sie dir neu sein sollte. Im Irak ist es normal, eine rohe Zwiebel zu essen. Ich hätte im Grunde wirklich gern, dass du es ausprobierst, es ist derselbe Kick wie bei Wasabi auf dem Sushi. Versteh mich nicht falsch: Gemeint ist nicht, in die Zwiebel zu beißen, als wäre sie ein Apfel. Doch gib zu deinem Ensemble mal eine halbierte Schalotte, eine ganze Frühlingszwiebel oder ein paar Stängel chinesischen Schnittlauch hinzu. Als Neuling fängst du am besten mit Schnittlauch an und steigerst dich dann zu kleinen Bissen Frühlingszwiebel (auch den weißen Teil!) und einem ganzen Stück Schalotte. Versuche auch, die große weiße Zwiebel (nicht die gelbe) zu finden, sie schmeckt milder und ist besonders knackig. Glaub mir, es wird deine kulinarische Erfahrung bereichern.

KRÄUTER

Was Kräuter betrifft, bin ich vor allem für weiche Kräuter wie (wilde, ausgewachsene) Gartenkresse, Basilikum, Estragon, Rucola und Blattpetersilie. Nimm vor allem das, was dir schmeckt und was du im Haus hast.

GEMÜSE

Unverzichtbar in deinem Rohkost-Ensemble sind Romanasalat und Mini-Salatgurken. Von Letzteren legst du idealerweise ein paar ganze Exemplare auf den Tisch, wo sich alle selbst ein Stück abbrechen können. Klingt verrückt, aber das schmeckt viel besser als geschnittene Salatgurke. Außerdem sind Paprikaschoten auch lecker, vor allem rote Spitzpaprika und orangefarbene Mini-Paprikaschoten. Die langen dünnen grünen Peperoni, die man in türkischen Supermärkten häufig findet, sind wegen ihrer mittelstarken Schärfe ebenfalls richtig cool.

KOHLGEWÄCHSE

Rettich, und zwar besonders der Winterrettich, ist absolut empfehlenswert für dein Ensemble. Dieses Gemüse ist mit dem Radieschen verwandt und besitzt eine dicke schwarze Schale (die Sommervariante ist weißlich und hat eine dünnere Schale). Daikonrettich ist auch gut.

Von all diesen intensiv schmeckenden Gemüsen legst du je ein Stück auf den Tisch, dazu ein Messer, damit man sich an Ort und Stelle feine Scheiben abschneiden kann. »Normale« Radieschen servierst du mit Blättern – schmecken auch gut, wenn du bitterem Blattgemüse nicht abgeneigt bist.

FÜR 4 PORTIONEN | ZUBEREITUNGSZEIT: 1 STUNDE

BAMIA

OKRASCHOTEN-EINTOPF

Okraschoten – man liebt sie … oder eben nicht. Für mich ist Marquat Bamia das ultimative Comfortfood, es bringt mich geradewegs zu meiner Tante Siham, wo im Sommer das ganze Haus voller Okra-Girlanden hängt, an denen das Gemüse trocknet. Für dieses Rezept kannst du also getrocknete Okraschoten nehmen, ich selbst nehme allerdings immer die kleinen Tiefkühl-Okras; sie sind sehr einfach erhältlich und haben die perfekte Größe. Man bekommt sie auch im Glas; auch diese sind klasse. Frische Okras empfehle ich für dieses Gericht nicht, sie sind zäh und so groß, dass man sie schneiden muss, und durch Schneiden wird das Ganze schleimig. Zu Hause sagen wir, Marquat Bamia schmeckt besser, wenn es »eine Nacht hinter sich hat«, was bedeutet, dass es am nächsten Tag aromatischer ist. Wenn du also etwas Khubz Tanour übrig hast (Seite 49), so mach aus den Resten vor allem Tishreeb Bamia.

ZUTATEN

40 ml Sonnenblumenöl
500 g Lammrippe, Zimmertemperatur
2 Lorbeerblätter
1 Zwiebel, geschält
600 ml kochendes Wasser
1 TL Salz
500 g passierte Tomaten
2 EL Tomatenmark
5 Knoblauchzehen, gerieben oder gepresst
400 g Okraschoten, mittelgroß, Tiefkühlware
Saft von 1 Zitrone (2, wenn du Iraker bist)

Beilage: Basmatireis (Seite 75)

TIPP

Lasse das Fleisch (die Lammrippchen) vom Metzger in 4 × 2 cm große Stücke schneiden.

1. Das Öl in einem Topf auf mittlerer Stufe erhitzen. Die Rippenstücke scharf anbraten und versiegeln und von allen Seiten bräunen. Dies dauert etwa 3 Minuten pro Seite. Lorbeer und die ganze Zwiebel hinzugeben. 3 Minuten mitbraten.
2. Nun 600 ml kochendes Wasser hinzugeben und alles erneut zum Kochen bringen. Hitze auf niedrige Stufe stellen und Deckel auflegen. Das Fleisch fast gar kochen; je nach Fleisch dauert dies im Schnitt 30 bis 45 Minuten. Nach 30 Minuten mit einer Gabel einstechen – dringt sie leicht in das Fleisch ein, ist es fast gar.
3. Eine Tasse Brühe aus dem Topf schöpfen und beiseitestellen. Salz in den Topf hinzufügen und das Fleisch weiterköcheln, bis die gesamte Feuchtigkeit verdampft ist.
4. Hitze hochstellen. Passierte Tomaten und Tomatenpüree hinzufügen und unter regelmäßigem Umrühren 3 Minuten mitdünsten. Knoblauch 1 Minute mitdünsten. Okras hinzufügen und 5 Minuten mitdünsten; die Okraschoten dabei möglichst wenig wenden, damit sie nicht zerfallen. Den Topf ab und zu rütteln, um die Okras mit dem Rest zu vermengen. Die aufbewahrte Tasse Brühe in den Eintopf einrühren und Bamia 20 Minuten leise köcheln lassen. Mit Zitronensaft abschmecken und servieren.

FÜR 4 PORTIONEN ◆ **ZUBEREITUNGSZEIT: 50 MINUTEN** ◆ **EINWEICHZEIT: 3 STUNDEN**

MARQUAT SHIJAR

ZUCCHINI-EINTOPF

Meine Mutter hatte immer einen Gemüsegarten. Das bedeutete ab dem Frühjahr wochenlang Zucchinigerichte bis zum Abwinken, die ich dann in übervollen Taschen im Zug von Zwolle nach Amsterdam befördern und an Freunde und Bekannte verteilen musste. Auch deswegen habe ich eine echte Abneigung gegen Zucchini entwickelt, dieses Eintopfgericht ist jedoch eine Ausnahme. Falls du alte Sorten mit kleinen Früchten verwendest, dann verarbeite sie als ganze Zucchini in diesem Eintopf.

ZUTATEN

200 g gelbe Spalterbsen, mindestens 3 Stunden eingeweicht
Salz
1 EL Ghee oder pflanzliche Butter
2 EL Olivenöl
1 weiße Zwiebel, klein geschnitten
2 TL Kurkumapulver
2 TL Currypulver
2 TL schwarzer Pfeffer, fein gemahlen
1½ EL Instant-Gemüsebrühe
800 g Zucchini
400 ml kochendes Wasser
3 Knoblauchzehen, gepresst
Saft von 1 Zitrone

Beilage: Basmatireis (Seite 75)

1. Die eingeweichten Spalterbsen in einem Topf mit viel Wasser und etwas Salz in 20 Minuten (fast) gar kochen. Abgießen und beiseitestellen.
2. Ghee und Olivenöl in einem Topf auf mittlerer Stufe erhitzen und die Zwiebel darin glasig anbraten. Kurkuma, Currypulver, Pfeffer und Instant-Brühe hinzufügen und 3 Minuten mitbraten.
3. Die Zucchini in grobe, etwa 3 × 5 cm große Stücke schneiden. Zusammen mit 400 ml kochendem Wasser und dem Knoblauch zum Zwiebelgemisch hinzugeben und 20 Minuten auf niedriger Stufe schmoren.
4. Spalterbsen hinzugeben und das Ganze noch 5 Minuten kochen oder bis die Erbsen gar sind. Salz nach Geschmack hinzugeben.
5. Mit Zitronensaft beträufeln und servieren.

FÜR 4 PORTIONEN · ZUBEREITUNGSZEIT: 25 MINUTEN · EINWEICHZEIT: 8 STUNDEN

MARQUAT LOUBYE

GRÜNE-BOHNEN-EINTOPF

Loubye bedeutet nicht mehr als »Hülsenfrüchte«. Du findest ein Rezept wie dieses in vielen Nachbarländern, manchmal mit grünen Bohnen oder dicken Bohnen. Vorherrschendes Aroma ist hier natürlich der Koriander, besorge also ein großes Bund mit dicken Stängeln, die liefern viel Geschmack. Köstlich mit Reis, aber die Bohnen sind auch gut auf geröstetem Brot.

ZUTATEN

6 EL Olivenöl
400 g grüne Bohnen, längs halbiert
3 Knoblauchzehen, gepresst
800 g Strauchtomaten
80 g frischer Koriander, Blätter und Stiel fein geschnitten
Salz nach Geschmack
Saft von 1 Zitrone

1. Olivenöl in einem Topf auf mittlerer Stufe erhitzen und die grünen Bohnen 8 Minuten darin anbraten. Knoblauch hinzufügen und 1 Minute mitbraten.
2. Tomaten an der Oberseite kreuzweise einschneiden und 2 Minuten in kochendes Wasser tauchen. Haut abziehen und Tomaten grob in Stücke schneiden. Mit den grünen Bohnen vermischen und 5 Minuten auf niedriger Stufe kochen.
3. Koriander und etwas Salz nach Geschmack hinzugeben und alles nochmals 4 Minuten schmoren.
4. Mit dem Zitronensaft beträufeln und servieren.

FÜR 4 PORTIONEN — ZUBEREITUNGSZEIT: 1 STUNDE UND 15 MINUTEN — EINWEICHZEIT: 8 STUNDEN

SABZI

SPINAT-EINTOPF

Sabzi ist ein würziges Spinat-Eintopfgericht. Es ist dem iranischen Ghormeh mit Kidneybohnen sehr ähnlich. Diesen kulinarischen Einfluss findet man vor allem im südlichen Karbala. In dieser heiligen Stadt der Schiiten haben sich seit jeher Perser niedergelassen. Die Mischung aus getrockneten Kräutern enthält Bockshornklee, Porree und Petersilie und ist in iranischen, irakischen und manchmal auch in türkischen Supermärkten zu finden. Sie kann durch frischen Bockshornklee (oft in indischen oder pakistanischen Geschäften erhältlich), extra Lauch und Petersilie ersetzt oder einfach weggelassen werden.

ZUTATEN

120 g Schwarzaugenbohnen, 8 Stunden eingeweicht
1 TL Salz, gegebenenfalls weiteres Salz nach Geschmack
15 g Ghormeh-Sabzi-Kräutermischung (siehe Seite 12, Zutatenliste)
3 EL Sonnenblumenöl
400 g Lammschulter, ohne Knochen
1 Zwiebel, klein geschnitten
2 EL Tomatenmark
2 Knoblauchzehen, gepresst
1 schwarze getrocknete Limette, halbiert
40 g frischer Koriander, fein geschnitten
300 g Spinat, grob geschnitten
500 g passierte Tomaten
Saft von 1 Zitrone

1. Die eingeweichten Schwarzaugenbohnen in einem Topf mit viel kochendem Wasser fast gar kochen; das dauert 45–60 Minuten. Nach 30 Minuten 1 TL Salz hinzufügen. Abgießen und beiseitestellen.
2. Die Ghormeh-Sabzi-Kräuter in etwas kochendem Wasser auflösen und 15 Minuten stehen lassen.
3. Das Fleisch in 1 × 1 cm große Würfel schneiden. Sonnenblumenöl in einem Topf erhitzen und Fleisch 5 Minuten auf hoher Stufe anbraten. Kräutermischung abgießen und in einem Sieb abtropfen lassen. Abgetropfte Mischung und Zwiebel zum Fleisch geben und 3 Minuten braten. Tomatenmark, Knoblauch und getrocknete Limette unterziehen und 2 Minuten auf mittlerer Stufe braten. Koriander hinzufügen und nochmals 2 Minuten braten.
4. Spinat hinzugeben und 1 Minute braten, bis der Spinat zusammengefallen ist. Nun auch die Bohnen und die passierten Tomaten hinzugeben und alles 15 Minuten mit geschlossenem Deckel schmoren. Mit Salz abschmecken und etwas kochendes Wasser hinzufügen, falls das Gericht zu dick ist.
5. Marqua mit Zitronensaft beträufeln und servieren.

TIPP

Für eine vegetarische Variante kannst du statt Lammfleisch mehr Schwarzaugenbohnen nehmen.

FÜR 4 PORTIONEN · ZUBEREITUNGSZEIT: 45 MINUTEN · VORBEREITUNGSZEIT: 30 MINUTEN

FESENJAN

GRANATAPFEL-WALNUSS-EINTOPF

Fesenjan ist eine Ode an den Granatapfel und den Granatapfelsirup. Guten Granatapfelsirup erkennst du ganz einfach an der Zutatenliste: Bei 100 % Granatapfel bist du richtig. Ich halte oft in syrischen Geschäften Ausschau danach und schlage dann sofort zu, aber mit einer Flasche aus dem Supermarkt geht es natürlich auch. Falls du doch einen nicht 100 % reinen Granatapfelsirup nehmen willst, dann sorge mit Zitronensaft für Ausgewogenheit. Dieser luxuriöse Eintopf passt gut zu Safranreis (Seite 76).

ZUTATEN

4 Auberginen
2 EL Salz, nach Geschmack
250 g Walnüsse
2 EL Sonnenblumenöl
4 Gewürznelken
1 TL gemahlener Zimt
1 TL gemahlene Kurkuma
1 TL Muskatnuss, gerieben
1 Zwiebel, klein geschnitten
½ TL Safranfäden, fein gemahlen
1 Bio-Mandarine
400 ml kochendes Wasser
5 EL Granatapfelsirup
20 g reine Schokolade (72 % Kakao)
1 TL schwarzer Pfeffer, fein gemahlen
1 EL vegetarische Instant-Gemüsebrühe
Zucker (optional)
1 l Öl zum Frittieren
Kerne von 1 Granatapfel zum Garnieren

Zusätzlich benötigst du:
Mixer

1. Die Auberginen schälen, aber hier und da ein paar Streifen Schale dran lassen. In 2 × 3 cm große Streifen schneiden. Auberginen in eine Schüssel mit reichlich Wasser und 2 EL Salz geben. Einen Teller mit etwas kleinerem Durchmesser als die Schüssel daraufstellen und beschweren, sodass die Auberginen gut unter Wasser bleiben. 30 Minuten stehen lassen.
2. Die Walnüsse auf mittlerer Stufe unter ständigem Rühren rösten, bis sie goldbraun werden und die Röstaromen duften; dabei genügend Zeit und Konzentration aufbringen – hier wird der Geschmack geschaffen. Aufpassen, dass sie nicht verbrennen. Anschließend die Walnüsse im Mixer mit etwas Wasser pürieren.
3. Das Sonnenblumenöl in einem Topf auf mittlerer Stufe erhitzen. Gewürznelke, Zimt, Kurkuma und Muskatnuss etwa 3 Minuten anbraten. Zwiebel hinzufügen und 3 Minuten braten. Walnusspüree unterrühren und nochmals 1 Minute braten.
4. Safranfäden mit 1 EL heißem Wasser mischen und die Mandarine schälen (die Schale kommt gleich in den Topf). 400 ml kochendes Wasser in den Topf geben und Granatapfelsirup, Mandarinenschale, Safran, Schokolade, Pfeffer, Instant-Brühe und Salz nach Geschmack hinzugeben. Fesenjan 30 Minuten auf niedriger Stufe schmoren.
5. Mandarinenschale herausnehmen und den Saft der Mandarine in den Topf hinein auspressen. Kosten, ob die Säuren schön ausgewogen sind, und eventuell etwas Zucker oder noch Granatapfelsirup hinzugeben.
6. Öl zum Frittieren in einem (Frittier-)Topf auf 170 °C erhitzen. Wasser aus den Auberginenstreifen pressen, mit einem Geschirrtuch trockentupfen und goldbraun frittieren.

Nicht zu viel Aubergine auf einmal in den Topf geben, sonst kühlt das Öl zu schnell ab und die Streifen werden nicht gleichmäßig gar. Fesenjan in einer Schale breit ausstreichen und die frittierten Auberginen darauflegen. Mit Granatapfelkernen garnieren.

FÜR 4 PORTIONEN · ZUBEREITUNGSZEIT: 1 STUNDE · EINWEICHZEIT: 8 STUNDEN

FASULYE

CANNELLINIBOHNEN-EINTOPF

Die irakische Gemeinde würde mir keine Ruhe gönnen, wenn ich in dieses Buch kein Fasulye-Rezept aufnähme – hier kommt es also. Fasulye ist köstlich mit dem Fruchtfleisch von Pomeranzen als Topping. Die sind aber sehr schwer zu bekommen, deswegen ersetze ich sie durch Mandarinenstückchen. Und dann die Cannellinibohnen: Ich nehme immer kleine Bohnen, doch das ist Geschmackssache. Fasulye ist gar, wenn die Bohnen butterweich sind, aber nicht zerfallen. Dies hängt unter anderem von der Größe ab und davon, wie lange sie bei dir schon im Schrank liegen; passe die Kochzeit also entsprechend an.

ZUTATEN

300 g kleine weiße Bohnen (Cannellinibohnen), mindestens 8 Stunden eingeweicht
5 Lorbeerblätter
Salz
Sonnenblumenöl
400 g Kalbsnacken, in 1 × 1 cm große Würfel geschnitten
½ TL Kreuzkümmelsamen, geröstet
1 Zwiebel, klein geschnitten
400 g passierte Tomaten
2 EL Tomatenmark
1 Knoblauchzehe, halbiert
1 Würfel Rinderbrühe
1 Chilischote, ganz
Saft von 1 Zitrone
4 Mandarinen, in Spalten

Beilage: Basmatireis (Seite 75)

Zusätzlich benötigst du:
Mörser

1. Die eingeweichten Bohnen 5 Minuten in einem Topf mit kochendem Wasser und 3 Lorbeerblättern kochen. Den weißen Schaum abschöpfen, der sich oben absetzt. Bohnen in ein Sieb abgießen und mit warmem Wasser abspülen.
2. Die Bohnen nun halbgar kochen, wiederum in einem Topf mit kochendem Wasser und den restlichen Lorbeerblättern. Dies dauert ca. 20 Minuten. Salz nach Geschmack hinzufügen.
3. Die Bohnen abgießen und mit eiskaltem Wasser abspülen.
4. In einem Topf etwas Sonnenblumenöl auf mittlerer Stufe erhitzen und Fleisch in 5 Minuten von allen Seiten braun anbraten. Kreuzkümmelsamen im Mörser mahlen und mit der Zwiebel zum Fleisch geben; weitere 3 Minuten mitbraten. Nun Tomatenmark einrühren und alles wiederum 3 Minuten braten. Knoblauch und Chilischote 1 Minute mitbraten. Bohnen und passierte Tomaten in den Eintopf rühren und die Hitze herunterstellen. Rinderbrühwürfel in den Topf krümeln. Das Ganze 15 Minuten leise köcheln lassen. Zwischendurch überprüfen, ob die Bohnen gar sind – sie dürfen nicht zu Brei zerkochen.
5. Chilischote entfernen und, falls nötig, noch etwas Salz hinzugeben.
6. Fasulye mit Zitronensaft beträufeln und mit Mandarinenspalten garnieren.

REIS

TIMMEN ABJAD • TIMMEN SAFRAN

BIRYANI • MAQLUBA • TIMMEN BAGILLA

برنج رحمان
أرز رحمان

ÜBER REIS

In der irakischen Küche herrscht der Glaube, die Portionsgröße hänge ab von der Absicht, mit der man kocht, und von den *Baraka*. Baraka sind die übernatürlichen Kräfte, die die Mahlzeiten, welche man zubereitet, ausreichend, gesund und wohlschmeckend werden lassen, sofern man mit der richtigen Absicht kocht. Stehen zum Beispiel plötzlich Gäste in der Tür, sorgen die Baraka dafür, dass man noch immer genügend Essen im Haus hat, um alle mit einer vollständigen Mahlzeit zu verköstigen.

Meine Oma glaubte, dass die Baraka sich bei der Zubereitung von Reis physisch in einem einzigen Reiskorn manifestiert. Weil man nie erraten konnte, welches trockene Reiskorn die Baraka des Gerichts barg, ging Oma beim Reiswaschen und kochen sehr sorgfältig vor. Nicht ein Reiskorn ging verloren, damit sie ganz sicher wissen konnte, dass die Baraka im Topf landete. Ich hoffe, dass du die Reisgerichte aus diesem Kapitel mit derselben Sorgfalt zubereitest. Es beginnt schon bei der Entscheidung für hochwertigen Basmatireis. Für die Rezepte in diesem Buch wähle ich oft Basmatireis, weil man lange Reiskörner haben möchte, die nicht aneinanderkleben. Ich nehme meistens die Marke Rahman Rice, aber in der Regel ist jeder Basmatireis einer indischen Marke gut. Was auch hilft, den allerköstlichsten Reis zu kochen, ist ein schwerer Topf mit dickem Boden.

FÜR 4 PORTIONEN · ZUBEREITUNGSZEIT: 20 MINUTEN · WARTEZEIT: 20 MINUTEN

TIMMEN ABJAD

DER PERFEKTE WEISSE REIS

Iraker sind die einzigen Araber, die zu Reis »Timmen« sagen und nicht »Riz«. Dies geht auf die Ankunft britischer Kolonialherrscher im Irak in den 1920er-Jahren zurück. Es geht das Gerücht, dass die Briten gezwungenermaßen Reis der Marke »Ten Men« aus Indien hätten bestellen müssen, nachdem die irakischen Bauern sich weigerten, ihnen Reis zu geben. In den Ohren der damaligen Bewohner klang die Marke wie »Timmen«, und so entstand dieser gängige Begriff.

Die Menge im nachstehenden Rezept ist eigentlich etwas mehr, als man für 4 Personen braucht. Ich merke, dass mein Reis besser schmeckt, wenn ich ihn in größeren Mengen koche. Das Schöne an dieser Methode ist, dass man keine abgemessene Menge Wasser nehmen muss, bereite also so viel Reis zu, wie du willst.

ZUTATEN

500 g Basmatireis
1 EL Salz
2 EL Sonnenblumenöl
1 Zwiebel, klein geschnitten

Zusätzlich benötigst du:
Topf mit schwerem Boden, sauberes Geschirrtuch

1. Reis in einer großen Schüssel und lauwarmem fließendem Wasser spülen, bis das Wasser klar ist, und dann 10 Minuten in lauwarmem Wasser einweichen.
2. Reis abgießen. In einem großen Topf Wasser zum Kochen bringen und 1 EL Salz hinzufügen. Reis hineingeben und in 5 Minuten halbgar kochen, dann in ein Sieb abgießen. Mit einer Gabel den Reis im Sieb durchrühren, sodass das Wasser von allen Körnern abtropft.
3. Das Sonnenblumenöl in einem Topf mit schwerem Boden auf mittlerer Stufe erhitzen und die Zwiebel darin glasig anbraten. Reis hinzufügen. Hitze auf niedrige Stufe stellen und den Topf mit einem sauberen Geschirrtuch abdecken. Deckel auflegen und die Handtuchenden um den Griff des Deckels legen. Reis in ca. 10 Minuten (je nach Menge) gar kochen. Der Reis ist gar, wenn an der Oberfläche kleine Löchlein entstehen. Vom Herd nehmen und den Reis 10 Minuten stehen lassen. Mit einer Gabel behutsam auflockern und servieren.

FÜR 4 PORTIONEN | ZUBEREITUNGSZEIT: 30 MINUTEN

TIMMEN SAFRAN

SAFRANREIS MIT PISTAZIEN UND BERBERITZEN

Dieser zweifarbige Reis eignet sich gut als Beilage zu Brathähnchen oder Gemüse. Lass Beeren und Pistazien weg, wenn du diesen Timmen zum Fesenjan (Seite 66) machst. Dieser Reis ist nicht ganz so »fluffig« wie der Timmen Abjad. Ich finde, weißer Reis muss in seiner Schlichtheit perfekt zubereitet werden – die anderen Reisgerichte koche ich einfacher. Falls du die Zubereitungsart von Timmen anwenden solltest, so gieße 5 Minuten, bevor der Reis gar ist, die Safranfäden (einige Minuten in 2 EL heißem Wasser eingeweicht) in den Topf. Wenn du nicht umrührst, bekommst du dennoch eine Art zweifarbigen Effekt.

ZUTATEN

500 g Basmatireis
4 EL Sonnenblumenöl
1 Zwiebel, klein geschnitten
500 ml kochendes Wasser
2 EL Butter
2 TL Safranfäden
100 g Berberitzen (siehe Seite 10, Zutatenliste), in warmem Wasser eingeweicht
75 g geschälte Pistazien

Zusätzlich benötigst du:
Mörser

1. Den Reis in einer großen Schüssel unter lauwarmem fließendem Wasser abspülen, bis das Wasser klar ist, und in ein Sieb abgießen.
2. Nun 2 kleine Töpfe auf mittlerer Stufe aufsetzen und je 1 EL Sonnenblumenöl darin erhitzen. Zwiebel auf beide Töpfe verteilen und glasig anbraten. Auch den Reis auf beide Töpfe verteilen, pro Topf 250 ml kochendes Wasser hinzugeben und erneut zum Kochen bringen.
3. Safranfäden in einem Mörser fein mahlen und mit 2 EL heißem Wasser vermischen. Safranwasser in einen der beiden Reistöpfe geben. Hitze sehr niedrig stellen und den Reis in beiden Töpfen mit aufgelegtem Deckel in ca. 18 Minuten gar kochen. Vom Herd nehmen und noch 10 Minuten dämpfen lassen. Reis mit einer Gabel behutsam auflockern und die beiden Farben mit einer Gabel vorsichtig vermischen.
4. Berberitzen ausdrücken. Restliches Sonnenblumenöl in einer kleinen Pfanne erhitzen und Berberitzen 15 Sekunden darin anbraten. Auf Küchenpapier abtropfen lassen. Pistazien grob hacken. Den Reis mit Berberitzen und Pistazien garnieren.

FÜR 4–6 PORTIONEN **ZUBEREITUNGSZEIT: 1 ½ STUNDEN** **WARTEZEIT: 20 MINUTEN**

BIRYANI

GEWÜRZREIS MIT TOPPINGS

ZUTATEN

1 Aubergine, klein gewürfelt
1 EL Salz, gegebenenfalls weiteres Salz nach Geschmack
400 g Basmatireis
75 g gelbe Rosinen
75 g braune Rosinen
Öl zum Frittieren
2 festkochende Kartoffeln, klein gewürfelt
4 Eier, weichgekocht (oder vegan: 200 g gare Kichererbsen)
100 g geschälte Mandeln
1 Zwiebel, klein geschnitten
75 g Vermicelli
½ EL Curry Masala
1 TL gemahlene Kurkuma
2 TL gemahlener Zimt
2 TL schwarze Pfefferkörner, fein gemahlen
5 Kardamomkapseln, zerdrückt
1 TL Pimentkörner, fein gemahlen
3 Gewürznelken, fein gemahlen
1 TL Muskatnuss
200 g grüne Erbsen
1½ EL Instant-Gemüsebrühe
750 ml kochendes Wasser

Zusätzlich benötigst du:
Topf mit dickem Boden, sauberes Geschirrtuch

Über viele Gerichte aus der irakischen Küche kann ich voller Leidenschaft erzählen – Biryani gehört nicht dazu. Meine Mutter und ihr Freundeskreis haben es mir durch jahrelangen Biryani-Overkill vermiest. Jedes Mal, wenn egal wessen Geburtstag näher rückt, wird dieses Biryani auf die Wunschliste gesetzt. Meine Mutter ist dann verrückt genug, sich einen ganzen Nachmittag dafür in die Küche zu stellen, während sie diesen Leuten doch auch einfach ein schönes Duschgel schenken könnte. Aber gut, für buchstäblich alle ist Biryani einfach der Knaller, also lass dir von mir ja nichts einreden. Traditionell kommen allerhand tierische Produkte hinein, doch dieses Biryani ist vegetarisch, und für eine vegane Version kannst du einfach die Eier weglassen.

1. Gewürfelte Aubergine in eine Schüssel mit reichlich Wasser und 1 EL Salz geben. Einen Teller mit etwas kleinerem Durchmesser als die Schüssel daraufstellen und beschweren, sodass die Auberginenstücke gut unter Wasser bleiben. 30 Minuten stehen lassen.
2. Reis in einer großen Schüssel unter lauwarmem fließendem Wasser abspülen, bis das Wasser klar ist. 10 Minuten in lauwarmem Wasser einweichen und danach in ein Sieb abgießen. Die Rosinen 10 Minuten in einer Schüssel mit heißem Wasser einweichen.
3. In der Zwischenzeit Öl in einem (Frittier-)Topf auf 170 °C erhitzen. Die Aubergine gut ausdrücken, bis keine Flüssigkeit mehr herauskommt. Auberginen- und Kartoffelwürfel ca. 5 Minuten frittieren oder bis sie goldbraun sind. Auf Küchenpapier abtropfen lassen. Rosinen abgießen, gründlich trockentupfen und in ca. 2 Minuten knusprig frittieren. Die Mandeln in 1–2 Minuten goldbraun und knusprig frittieren. Die weichgekochten Eier pellen und in ca. 4 Minuten goldbraun frittieren; werden Kichererbsen verwendet, diese 2 Minuten frittieren. Auf Küchenpapier abtropfen lassen. 6 EL Öl auffangen und im restlichen Gericht verarbeiten.

→

TIPP

Möchtest du doch lieber ein Biryani mit Fleisch machen? Dann gib etwas gezupftes Fleisch vom pochierten Hähnchen(-schenkel) und kleine Lammfleisch-Hackbällchen hinzu.

4. In einem Topf mit schwerem Boden das aufgefangene Öl auf mittlerer Stufe erhitzen und die Zwiebel darin glasig anbraten. Vermicelli und Gewürze hinzugeben und 2 Minuten mitbraten. Reis, grüne Erbsen und Instant-Brühe unterziehen und unter regelmäßigem Umrühren 1 Minute mitbraten. Salz nach Geschmack hinzugeben. 750 ml kochendes Wasser zugießen und erneut zum Kochen bringen. Nach 3 Minuten die Hitze verringern und ein sauberes Geschirrtuch über den Topf legen. Deckel auflegen und die Geschirrtuchenden um den Griff des Deckels wickeln. Den Reis in ca. 16–18 Minuten gar kochen. Vom Herd nehmen und noch 10 Minuten dämpfen.
5. Den Reis in eine große, tiefe Schale füllen. Auberginen und Kartoffeln untermischen. Mit den Rosinen und den Mandeln garnieren. Die Eier halbieren und die Eihälften auf das Biryani legen. Die Kichererbsen auf dem Gericht verteilen.

FÜR 4 PORTIONEN | ZUBEREITUNGSZEIT: 1 STUNDE

MAQLUBA

GESTÜRZTE REISTORTE

ZUTATEN

1 Aubergine, in dünne Scheiben geschnitten
1 EL Salz, gegebenenfalls weiteres Salz nach Geschmack
400 g Basmatireis
1 EL Instant-Gemüsebrühe
Öl zum Frittieren
2 Kartoffeln, in dicke Scheiben geschnitten
½ Blumenkohl, in große Röschen zerteilt
1 Zucchini, in dicke Scheiben geschnitten
4 EL Olivenöl
2 Zwiebeln, in Ringen
4 Knoblauchzehen, gepresst
3 EL Tomatenmark
400 g gewürfelte Tomaten, aus der Dose
3 TL schwarze Pfefferkörner, fein gemahlen
3 TL Currypulver
3 TL Koriandersamen, geröstet, fein gemahlen
2 schwarze getrocknete Limetten, in kleine Stücke gebrochen
200 g gekochte Kichererbsen (ca. 100 g getrocknet)

In den Kreisen um den Basar in Beverwijk und in der Hausfrauenkultur, in der man seine Möbel mit Plastik überzieht, gibt es in der Regel eine große Liebe zu Speisen, die in einem Topf serviert werden. Ein bekanntes Beispiel dafür ist die Schale mit Dolma. Maqluba ist ein weiteres Beispiel und lässt sich in etwa mit »auf den Kopf gestellt« übersetzen. Bei der Zubereitung dieses Reisgerichts im Kopfstand kommt das Gemüse unten in den Topf. Ich habe mich bei diesem Rezept für das traditionelle Gemüse entschieden, du kannst aber auch sehr gut das kochen, was sich gerade bei dir im Kühlschrank befindet. Gemüse wie Pastinaken, Kohlrabi, Kürbis, Karotten, Süßkartoffel und Tomate eignen sich sehr gut dafür. Ein schwerer Topf mit einem dicken Boden ist bei allen Reisgerichten praktisch, aber in diesem Fall hilft er auch, das Gemüse gleichmäßig zu garen. Wenn du aus diesem Gericht einen hohen Turm errichten möchtest, nimmst du am besten einen hohen, schlanken Topf.

1. Auberginenstücke in eine Schüssel mit reichlich Wasser und 1 EL Salz geben. Einen Teller mit etwas kleinerem Durchmesser als die Schüssel daraufstellen und beschweren, sodass die Auberginen gut unter Wasser bleiben. 30 Minuten stehen lassen.
2. Reis in einer großen Schüssel unter lauwarmem fließendem Wasser spülen, bis das Wasser klar aussieht. 10 Minuten in lauwarmem Wasser einweichen und danach in ein Sieb abgießen. Instant-Brühe über den Reis krümeln oder streuen und nach Geschmack salzen.
3. In der Zwischenzeit in einem (Frittier-)Topf Öl zum Frittieren auf 170 °C erhitzen. Auberginen gut ausdrücken, bis keine Flüssigkeit mehr austritt. Auberginen- und Kartoffelstücke in ca. 6 Minuten goldbraun frittieren und nach der Hälfte der Zeit wenden. Blumenkohl und Zucchini nacheinander in ca. 5 Minuten goldbraun frittieren. Alles auf Küchenpapier abtropfen lassen.

→

750 ml kochendes Wasser
75 g geschälte Mandeln, geröstet
15 g frische Petersilie,
grob gehackt

Zusätzlich benötigst du:
Topf mit dickem Boden oder (für einen Turm) einen hohen, schlanken Topf, sauberes Geschirrtuch

4. Für die Soße das Olivenöl auf mittlerer Stufe erhitzen. Zwiebel und Knoblauch darin in 3 Minuten glasig anbraten. Tomatenmark, gewürfelte Tomaten, schwarzen Pfeffer, Currypulver, Koriandersamen, schwarze Limette und 2 EL Wasser hinzufügen und weitere 4 Minuten braten.
5. Einen Topf auswählen, in dem die Maqluba aufgebaut wird (siehe oben) und den Boden mit einer Schicht Reis bedecken, gefolgt von Gemüse und etwas Soße. Nun immer im Wechsel etwas Reis, Kichererbsen und Soße und eine Lage Gemüse aufeinanderschichten. Alles gut andrücken und die Maqluba mit dem Löffelrücken glattstreichen. Den Topf aufsetzen, das kochende Wasser hinzugeben und alles zum Kochen bringen. Hitze verringern und ein sauberes Geschirrtuch über den Topf legen. Deckel auflegen und die Geschirrtuchenden um den Griff des Deckels wickeln. Den Reis auf niedriger Stufe in 18 Minuten gar kochen. Nach 18 Minuten kontrollieren, ob noch viel Wasser zu sehen ist – in diesem Fall den Deckel während der letzten 5 Minuten nicht auflegen. Nach ca. 23 Minuten vom Herd nehmen und den Reis mit aufgelegtem Deckel noch 10 Minuten dämpfen.
6. Zum Servieren eine große flache Schale kopfüber auf den Topf legen. Eine Hand auf die Schale legen, die andere befindet sich unter dem Topfboden, gut festhalten und in einer einzigen schnellen Bewegung Topf und Schale umdrehen. Auf den Tisch bringen und Topf von der Maqluba abnehmen. Mit Mandeln und Petersilie garnieren.

FÜR 4 PORTIONEN | ZUBEREITUNGSZEIT: 25 MINUTEN

TIMMEN BAJILLA

DILLREIS MIT DICKEN BOHNEN

In diesem Reisgericht steht der Dill im Mittelpunkt: Kaufe im Gemüseladen also ein großes Bund mit dicken Stielen. Mache es vor allem dir selbst leicht und kaufe Tiefkühlbohnen ohne Hülsen und Schalen, diese sind häufig im orientalisch-nordafrikanischen Supermarkt erhältlich. Zu Timmen Bajilla isst man beispielsweise Fattoush (Seite 168) oder Mama Ganoush (Seite 162), aber bei einer Dinnerparty serviere ich es meistens mit einem ganzen gegrillten Fisch (Seite 103). Dazu gehören dann Torshi (Seite 198), dickflüssiger Joghurt und Rohkost.

ZUTATEN

300 g Basmatireis
5 EL Olivenöl
1 Zwiebel, klein geschnitten
80 g frischer Dill, Blätter und Stängel, fein geschnitten
4 EL getrockneter Dill
300 g dicke Bohnen ohne Hülsen und Schalen (selbst enthülst oder küchenfertig aus der Tiefkühlabteilung)
550 ml kochendes Wasser
1 EL Instant-Gemüsebrühe

Zusätzlich benötigst du:
Topf mit dickem Boden, sauberes Geschirrtuch

1. Den Reis in einer großen Schüssel unter lauwarmem fließendem Wasser abspülen, bis das Wasser klar ist. 10 Minuten in lauwarmem Wasser einweichen.
2. Öl in einem Topf mit dickem Boden auf mittlerer Stufe erhitzen und die Zwiebel darin glasig anbraten. Frischen Dill, getrockneten Dill und dicke Bohnen zufügen und 5 Minuten mitbraten. Regelmäßig umrühren. In der Zwischenzeit den Reis gründlich abgießen und hinzugeben. 1 Minute mitbraten.
3. 550 ml kochendes Wasser und die Instant-Brühe hinzufügen und alles zum Kochen bringen. Topf mit dem Geschirrtuch abdecken, Deckel auflegen und die Geschirrtuchenden um den Griff des Deckels wickeln. Reis auf niedriger Stufe in ca. 15 Minuten gar kochen. Nach 12 Minuten kontrollieren, ob die Reiskörner weich sind. 10 Minuten ohne Hitzezufuhr stehen lassen. Dann den Reis mit einer Gabel auflockern und servieren.

DINNERPARTY

DOLMA • BULGURDOLMA

FATTEH • MASGOUF • PACHA • TURSHANA

TEPSI BEETINJAAN

ERCIMEX
nar ekşisi
pomegranate molasses
Granaatappelmelasse
Netto:
250 ml
330 g

KLEINE HILFE

FÜR DEINE IRAKISCHE DINNERPARTY

Der Titel dieses Kapitels verweist auf meine Lieblingsbeschäftigung: Dinnerpartys ausrichten. Zuvor in der Javastraat einkaufen, mir ein Menü überlegen, die Herausforderung und natürlich die genießerischen Gesichter am Tisch – das gibt mir immer so viel Energie. In der Zeit, die ich in der Küche verbringe, habe ich nie Probleme mit meinem ADHS. Ich kann mir vorstellen, dass das Ausrichten einer irakischen Dinnerparty ganz schön aufregend ist, wenn man noch nie levantinisch gekocht hat. Lass mich dir deswegen ein bisschen helfen.

Natürlich kannst du alle Rezepte aus diesem Buch für deine Dinnerparty nehmen. Aber in diesem speziellen Kapitel habe ich die Gerichte aus meiner Jugend zusammengestellt, Gerichte, die meine Mama immer kochte, wenn sie ihre Freunde beeindrucken wollte.

Du kannst die Dinnerparty so umfangreich halten, wie du willst, idealerweise aber hast du einen Dip, knuspriges Brot, eine Beilage, ein Rohkost-Sortiment, eine Suppe, ein Hauptgericht, einen Nachtisch und ein Getränk. Das sind die festen Bestandteile. Das Schöne ist aber, dass du vieles im Voraus zubereiten (zum Beispiel die Dips – 2 Tage vorher) und oft auch einfrieren (wie Suppen und Kibbeh) kannst. Um dir ein wenig Orientierung zu geben, habe ich 4 Beispiele für ein vollständiges, umfangreiches Dinnerpartymenü ausgearbeitet. Danach kannst du deine Gäste dann vollgefuttert bis oben hin (wie es sich gehört) nach Hause schicken.

DINNERPARTYMENÜ FLEISCH

✦ DIP ✦

MERIJN TOLS LABNEH (SEITE 164)
MIT KHUBZ ZA'ATAR (SEITE 174)

✦ BEILAGE ✦

KIBBEH'T MOSUL (SEITE 117)
MIT NOOMI-CHUTNEY (SEITE 207)

✦ SUPPE ✦

SHORBAT MASH (SEITE 183)

✦ HAUPTGERICHT ✦

DOLMA (SEITE 95)

✦ DESSERT ✦

KUNAFE (SEITE 212)

✦ GETRÄNK ✦

ASEER AMR AL DEEN (SEITE 237)

DINNERPARTYMENÜ FISCH

DIP

HUMMUS BI TAHINA (SEITE 161)
MIT KHUBZ ZA'ATAR (SEITE 174)

BEILAGE

KIBBEH'T HALAB (SEITE 123)
MIT NOOMI-CHUTNEY (SEITE 207)

SUPPE

SHORBAT MASH (SEITE 183)

HAUPTGERICHT

MASGOUF (SEITE 103)
MIT TIMMEN BAJILLA (SEITE 84)

DESSERT

CHALGAM BIL DIBIS (SEITE 228)

GETRÄNK

CHAI KARKADEH (SEITE 241)

DINNERPARTYMENÜ VEGETARISCH

DIP

BAJILLA BIL CHBINT (SEITE 167)
MIT KHUBZ ZA'ATAR (SEITE 174)

BEILAGE

BULGURDOLMA (SEITE 97)

SUPPE

SHORBAT MASH (SEITE 183)

HAUPTGERICHT

BIRYANI (SEITE 79)

DESSERT

ZARDEHTRIFLE (SEITE 227)

GETRÄNK

SHANINA (SEITE 238)

DINNERPARTYMENÜ VEGAN

✦ DIP ✦

ZHOUG (SEITE 205)

KHUBZ ZA'ATAR (SEITE 174)

✦ BEILAGE ✦

BATATA CHAP AUS CHAMPIGNONS (SEITE 126)
MIT NOOMI-CHUTNEY (SEITE 207)

✦ SUPPE ✦

SHORBAT MASH (SEITE 183)

✦ HAUPTGERICHT ✦

TEPSI BEETINJAAN (SEITE 110)

✦ DESSERT ✦

MUHALLEBI (SEITE 223)

✦ GETRÄNK ✦

ASEER TAMAR AL HIND (SEITE 233)

ERCIMEX
nar ekşisi
pomegranate molasses

FÜR 4–6 PORTIONEN **ZUBEREITUNGSZEIT: 2 ½ STUNDEN**

DOLMA

GEWÜRZTER REIS MIT TOPPINGS

ZUTATEN

Für das Dolmagemüse:
10 große Bananenschalotten oder 8 weiße Zwiebeln
10 Mini-Paprikaschoten, orangefarben
10 indische Mini-Auberginen (Seite 12)

Für die Dolmafüllung:
300 g Basmatireis
300 g Lammhackfleisch, mit extra Fett
100 g frische Petersilie, Blätter und Stängel, fein geschnitten
15 Knoblauchzehen, fein geschnitten
6 EL Biber salçasi, mild (Seite 11)
3 EL Sumach
1 EL Paprikapulver
2 TL schwarzer Pfeffer, fein gemahlen
2 TL Zitronensäure oder Saft von 1 Zitrone
1 TL Aleppo-Chiliflocken
100 ml Olivenöl
9 EL Granatapfelsirup
150 g grüne Bohnen oder dicke Bohnen ungeschält
Saft von 1 Zitrone
100 ml kochendes Wasser

Was ich jetzt sage, ist natürlich sehr subjektiv, aber irakisches Dolma ist das Coolste überhaupt im Nahen Osten. Versteh mich nicht falsch, ein zwei Tage altes Marquat Bamia (Seite 59) oder cremiges Geymar (Seite 43) stehen weit oben auf meiner Liste, aber »misslungene« bzw. verkochte Dolma, gefüllt mit würzigem Reis, sind die Krönung. Das Fett, das in die Gemüsesäfte schmilzt, die wiederum mit der fruchtigen Kochflüssigkeit Freundschaft schließen – und das alles in einem einzigen Topf. Und dann das Zusammenstellen des Dolma-Bissens: leicht geröstetes Khubz Tanour (Seite 49) abreißen, ein Dolma darauflegen, ein Stängelchen frische Kräuter (Seite 56) dazu, noch etwas Kochflüssigkeit aufnehmen und dann nach dem ersten herrlichen Bissen den Mund mit Mini-Salatgurke und einem Schluck Shanina (Seite 238) reinigen – um sich dann an das zweite Dolma zu machen. *Khalas*, die ist mein ultimatives Heimweh-Essen.

1. Beim Gemüsevorbereiten zunächst die Schalottenschichten »locker schlagen«. Dafür ein Kochmesser vorsichtig an der stumpfen Seite der Klinge anfassen und mit dem Messergriff auf die Schalotten schlagen. Die Schalotte dabei rotieren lassen. Schalotte pellen und längs bis zur Mitte einschneiden. Die Schichten einzeln abnehmen; äußerste Schicht und Herz getrennt halten. An den restlichen Schichten die Membranen entfernen und die geputzten Stücke in einer großen Schüssel sammeln. Paprikaschote 1 cm unterhalb des Stielansatzes abschneiden. Kerne gegebenenfalls entfernen und leere Schoten in die Schüssel mit den Schalotten geben. Aubergine 1 cm unterhalb des Stielansatzes abschneiden. Fruchtfleisch herauslösen und Auberginenhälften in die Gemüseschüssel geben.

→

TIPPS

- Für Dolma auf Pflanzenbasis kannst du einfach die Reismenge verdoppeln und ein paar Extralöffel Olivenöl hinzugeben.
- Ist noch Füllung übrig, kannst du anderes Gemüse, das du gerade im Haus hast, aushöhlen und füllen – Tomate, Zucchini – oder natürlich gefüllte Weinblätter zubereiten.

2. Für die Füllung Reis und Hackfleisch in einer großen Schüssel mischen. Die Hälfte der gesondert aufgehobenen Schalotten fein schneiden und hinzugeben. Petersilie, Dill, Knoblauch, Biber salçasi, Sumach, ½ EL Salz, Paprikapulver, schwarzen Pfeffer, Zitronensäure, Chiliflocken, Olivenöl und Granatapfelsirup hinzufügen. Alles mit den Händen vermengen und kosten, ob mehr Salz benötigt wird. Es darf recht salzig sein, denn die Zwiebeln müssen auch gewürzt werden. Die Füllung ist nun bereit zum Verarbeiten.
3. Den Boden eines schönen Topfes mit Antihaftbeschichtung mit einer Lage grüner Bohnen oder dicker ungeschälter Bohnen bedecken. Einen kleinen Esslöffel mit Füllung in eine Schalottenschicht füllen und diese zufalten. Die kleinen oder gerissenen Schalottenschichten kann man füllen und gut im Topf in die Lücken stecken. Auch die Paprikaschoten zur Hälfte füllen und auf die Schalotten legen. Die Auberginen zur Hälfte füllen und mit der offenen Seite nach unten legen. Ist noch Füllung übrig, kann man Gemüse aushöhlen und damit füllen, etwa Tomaten, Zucchini oder natürlich Weinblätter.
4. Einen flachen Teller mit einem etwas kleineren Durchmesser als der Topf auf die Dolma legen und beschweren, zum Beispiel mit einem Mörser. Dolma ohne Deckel bei sanfter Hitze in 75 Minuten gar kochen. Nach einer Stunde Teller und Mörser herausnehmen und die meiste Flüssigkeit in der letzten Viertelstunde verdampfen lassen.
5. Zum Topfwenden am Tisch auf irakische Art ein Tablett mit größerem Durchmesser als der Topf kopfüber auf den Topf legen. Ein Geschirrtuch auf die eine Handfläche legen und mit dieser unter den Topfboden greifen, mit der anderen das Tablett fest auf dem Topf drücken und den Topf in einer einzigen schnellen Bewegung umdrehen. Manchmal bleibt die unterste Gemüseschicht am Boden kleben – das bedeutet, dass die grünen Bohnen die Dolma in einem schlechten Topf beschützt haben. Wenn sie nicht angebrannt sind, kann man sie abkratzen und auf die Dolma legen, als wäre nichts geschehen.

FÜR 4–8 PORTIONEN | ZUBEREITUNGSZEIT: 1 STUNDE | WARTEZEIT: 1 STUNDE

BULGURDOLMA

GEFÜLLTE WEINBLÄTTER

ZUTATEN

500 g Weinblätter (insgesamt ca. 70 Stück)
300 g grober Bulgur
150 ml Olivenöl
3 Tomaten, davon 1 sehr fein und 2 in dicke Scheiben geschnitten
1 Bio-Zitrone, sauber geschrubbt, Schale abgerieben, Saft ausgepresst
30 g frischer Dill, fein geschnitten
30 g frische Petersilie, Blätter und Stängel, fein geschnitten
20 g frische Minze, fein geschnitten
1 EL arabischer Kaffee
1 EL getrockneter Dill
1 EL getrocknetes Basilikum
1 EL getrocknete Minze
1 Zwiebel, klein geschnitten
1 EL Sumach
1 ½ TL schwarzer Pfeffer
Salz nach Geschmack
7 EL Granatapfelsirup
400 ml kochendes Wasser

Wir haben in Zwolle immer einen Weinstock gehabt, wie viele andere Einwanderer aus dem Nahen Osten. Als meine Mutter nach Amsterdam umzog und wir uns vom Weinstock verabschieden mussten, war ich auf eingelegte Weinblätter aus dem Supermarkt angewiesen. Zu meiner Überraschung waren auch sie einfach lecker. Diese gefüllten Weinblätter kommen dem am nächsten, wie man Dolma in anderen Esskulturen isst. Du kannst die Weinblätter mit Reis füllen, aber mit Bulgur schmeckt es auch sehr gut. Wenn du Füllung übrig hast, kannst du damit natürlich anderes Gemüse füllen, das du gerade vorrätig hast, und es im Topf mitkochen. Für dieses Rezept nehme ich recht viele Kräuter, doch falls du eine der getrockneten Sorten nicht im Haus hast, kannst du diese weglassen und die Menge einer anderen Sorte verdoppeln. Dolma eignet sich perfekt für eine Dinnerparty, als Teil einer Mezze-Tafel oder als Vorspeise.

→

TIPP

Für traditionelleres Dolma kannst du die Weinblätter statt mit Bulgur mit ägyptischem Reis füllen.

1. Die Weinblätter voneinander lösen und ein paar Mal unter kaltem fließendem Wasser abspülen. Mindestens 15 Minuten in viel Wasser einweichen. Abgießen, die Blätter auf Geschirrtüchern ausbreiten und trocknen lassen.
2. Bulgur unter lauwarmem fließendem Wasser abspülen und abgießen. Bulgur, 100 ml Olivenöl, fein geschnittene Tomate, abgeriebene Zitronenschale, frische Kräuter, Kaffee, getrocknete Kräuter, Zwiebel, Sumach, schwarzen Pfeffer und Salz vermengen.
3. Den Boden eines Topfes mit Weinblättern bedecken, die wegen Rissen oder anderen Beschädigungen sowieso nicht zum Einrollen genutzt werden können. Die Blätter auf dem Boden mit den Tomatenscheiben bedecken.
4. Zum Rollen der Dolma ein Weinblatt mit der Blattader nach oben hinlegen und den Stil abknipsen. Einen knappen Esslöffel Reisgemisch in der Breite auf das Blatt legen. Unten am Blatt beginnend 1 Umdrehung rollen, die Seiten um die Füllung herum nach innen legen und das Blatt weiter aufrollen. Recht fest rollen, aber nicht so fest, dass der Bulgur sich nicht ausdehnen kann. Die Dolma im Kreis und mit der Naht nach unten in den Topf legen. So weiterarbeiten, bis alle Blätter gefüllt sind.
5. Zitronensaft, Granatapfelsirup und ca. 400 ml kochendes Wasser über die Dolma gießen, bis sie 1 cm hoch bedeckt sind. Einen hitzebeständigen Teller auf die Dolma legen und etwas andrücken. Auf niedriger Stufe ca. 45 Minuten kochen, bis das meiste Wasser aufgenommen ist. Den Teller entfernen und den Rest des Olivenöls darübergießen. In ca. 30 Minuten gar kochen. Eventuell den Deckel vom Topf nehmen, falls noch Flüssigkeit zu sehen ist. Vom Herd nehmen und die Dolma mit aufgelegtem Deckel 20 Minuten ruhen und die Flüssigkeit aufnehmen lassen.

FÜR 4 PORTIONEN | ZUBEREITUNGSZEIT: 2 STUNDEN

FATTEH

KNUSPRIGES FLADENBROT MIT LAMMZUNGE UND JOGHURTSOSSE

ZUTATEN

Für die Zunge:
1 kg Lammzunge oder Kalbszunge
5 EL weißer Essig
2 schwarze getrocknete Limetten, halbiert
4 Lorbeerblätter
1 EL Instant-Lamm- oder Rindfleischbrühe
3 Schalotten, halbiert
1 TL gemahlene Kurkuma
6 Pimentkörner, zerdrückt
1 TL schwarze Pfefferkörner, zerdrückt
Salz nach Geschmack

Für die Fatteh-Basis:
6 EL Olivenöl
3 libanesische Fladenbrote oder 2 Khubz Tanour (Seite 49), grob klein gerissen
1 Zwiebel, klein geschnitten
750 ml Ziegenjoghurt
80 g frischer Koriander, Blätter und Stängel, fein geschnitten
1 Zitrone
4 EL Tahin
3 Knoblauchzehen, gepresst
2 TL weißer Pfeffer, fein gemahlen
250 g gekochte Kichererbsen
40 g Pinienkerne, geröstet

Knuspriges Brot in einem Soßengericht, das mögen alle. Das Geheimnis meiner Mutter für die köstlichste Joghurtsoße war, eine Packung Joghurt zwei Tage auf das Dach ihres Schuppens zu stellen. Das macht den Joghurt saurer. Aber sei ganz beruhigt – auch ohne diese Aktion schmeckt die Soße sehr gut. Achtung: Falls du lieber Kalbszunge anstelle von Lammzunge nehmen möchtest, musst du eine längere Kochzeit einplanen.

1. Zunge in einen Topf mit Wasser geben, sodass sie bedeckt ist. Essig hinzufügen und die Zunge im Wasser sauber reiben. Die weißen Fettstückchen abschneiden. Bei Kalbszunge sind mehr Sehnen zu entfernen. Nochmals unter kaltem fließendem Wasser sauber spülen.
2. Zunge in einen Topf geben und wiederum Wasser einfüllen, bis sie bedeckt ist. Zum Kochen bringen und den grauen Schaum, der sich absetzt, abschöpfen. Zunge aus dem Topf nehmen. 1 Liter Wasser zum Kochen bringen. Zunge, getrocknete Limette, Lorbeerblätter, Instant-Brühe, Schalotten, gemahlene Kurkuma, Pimentkörner, schwarze Pfefferkörner sowie nach Geschmack Salz hinzufügen. Falls die Zunge nicht komplett bedeckt ist, noch Wasser aufgießen. Auf niedriger Stufe in ca. 1½–2 Stunden gar kochen. Die Zunge ist gar, wenn sich die Haut problemlos löst und man mit einer Gabel mühelos in das Fleisch einstechen kann.
3. Fleisch in ½ cm dicke Scheiben schneiden. Brühe abseihen. 1 Tasse Brühe in einen Stieltopf geben und die geschnittene Zunge hinzufügen.
4. Den Ofen auf 190 °C Ober-/Unterhitze (Umluft: 170 °C) vorheizen.
5. Hände mit Olivenöl einreiben und Brotstücke zwischen den Händen massieren. Brot im Ofen in ca. 6–10 Minuten knusprig und goldbraun rösten.
6. Restliches Olivenöl in einem kleinen Topf auf mittlerer Stufe erhitzen und Zwiebel darin anbraten. Koriander hinzugeben und weitere 5 Minuten braten.

7. Joghurt mit Schale und Saft von ½–1 Zitrone (nach Geschmack), Tahin, Knoblauch, weißem Pfeffer und Salz nach Geschmack vermengen. Auf sehr niedriger Stufe erhitzen, bis er warm ist, aber nicht kocht.
8. Zunge eventuell wieder in der Brühe im Stieltopf erhitzen und mit etwas Brühe auf einer tiefen Schale oder auf tiefe Teller verteilen. Joghurtsoße darüberschöpfen. Kichererbsen zusammen mit dem Koriander-Zwiebel-Gemisch auf dem Joghurt verteilen. Mit Pinienkernen und dem Brot garnieren.

TIPP

Du kannst dieses Gericht auch vegetarisch zubereiten. Ersetze dafür die Zunge durch Aubergine oder Artischocke. Traditionell isst man Fatteh zum Frühstück ohne Gemüse und Fleisch.

FÜR 2 PORTIONEN | ZUBEREITUNGSZEIT: 1 STUNDE

MASGOUF

GEGRILLTER FISCH MIT TAMARINDENSOSSE

Masgouf ist das irakische Nationalgericht. In Bagdad werden Karpfen im Tigris gefischt; anschließend findet man sie bei unzähligen Restaurants am Wasser auf der Speisekarte. Man wählt sich seinen Karpfen aus und dann wird er in einem Grillkorb in etwas Entfernung zu einem offenen Feuer langsam gegart. Man kann für dieses Rezept Süßwasserfisch nehmen, zum Beispiel Barsch, aber ich finde das Gericht auch mit Seebarsch oder Dorade sehr schmackhaft. Bitte den Fischhändler, die Schuppen am Fisch zu lassen; dadurch kann der Fisch mehr Hitze vertragen. Es ist sehr wichtig, dass du den Fisch vom Fischhändler im Schmetterlingsschnitt aufschneiden lässt (oder es selbst machst, wenn du geschickt darin bist). Dabei wird der Fisch vom Rücken aus eingeschnitten, nicht vom Bauch aus. Du kannst den Fisch auch im Ofen zubereiten. Dann fehlt dem Aroma lediglich etwas Rauchigkeit. Zu Masgouf gehören natürlich Torshi, die leckerste Version hierfür ist Torshi Mahschie (Seite 200), und Reis, idealerweise Timmen Bajilla (Seite 84). Stell auch etwas Rohkost (Seite 56) auf den Tisch, zum Beispiel frisches Basilikum.

ZUTATEN

1 große Dorade oder Seebarsch, ca. 500 g
4 EL Olivenöl plus Öl zum Einreiben
1 EL Biber salçasi (Seite 11)
3 TL Salz
1 Zwiebel, klein geschnitten
50 g Tamarindenmark, 15 Minuten in 50 ml kochendem Wasser eingeweicht
3 Knoblauchzehen, fein geschnitten
50 g Tomatenmark
1 schwarze getrocknete Limette, fein gehackt
1 EL Koriandersamen, geröstet, fein gemahlen
1 TL schwarzer Pfeffer

Zusätzlich benötigst du:
Grillkorb (in Küchenfach- und Grillgeschäften erhältlich), Grill (optional)

1. Den Fisch unter kaltem fließendem Wasser säubern; trockentupfen. Den Fisch im Ganzen mit Olivenöl einreiben. Die Innenseite mit Biber salçasi einreiben und den ganzen Fisch mit 2 TL Salz bestreuen. 15 Minuten einziehen lassen.
2. Für die Tamarindensoße das Olivenöl in einer kleinen Bratpfanne auf mittlerer Stufe erhitzen und darin die Zwiebel glasig anbraten. Tamarindenmark in ein kleines Sieb abseihen. Tamarindenmark, Knoblauch, Tomatenmark, getrocknete Limette, Koriandersamen, schwarzen Pfeffer und 1 TL Salz hinzugeben und 5 Minuten mitbraten.
3. Den Fisch in den Grillkorb legen. Im Idealfall die Nachbarn mit einem Feuerkorb im Garten terrorisieren und den Grillkorb etwas entfernt auf ein Stück Holz stützen; den Korb so drehen, dass die Hautseite des Fisches dem Feuer zugewandt ist. Zum Grillen den Fisch 6 Minuten mit der Hautseite auf den Grill legen, umdrehen, mit der »Fleischseite« auf einen weniger heißen Bereich des Grills legen und noch 5 Minuten garen lassen.
4. Den Fisch mit der Tamarindensoße servieren.

FÜR 4–6 PORTIONEN | ZUBEREITUNGSZEIT: 3 STUNDEN | EINWEICHZEIT: 12 STUNDEN

PACHA

UNGEWÖHNLICHE TEILE VOM SCHAF

ZUTATEN

400 g Kalbsmagen, gesäubert
2 Schafsköpfe (beim Metzger danach fragen)
6 Lammzungen (dito)
3 l kochendes Wasser
3 Zwiebeln
6 Lorbeerblätter
2 schwarze getrocknete Limetten, halbiert, ohne Kerne
6 Gewürznelken
6 Pimentkörner, zerdrückt
2 TL gemahlene Kurkuma
1 TL weiße Pfefferkörner, zerdrückt
40 g frischer Ingwer, in dünne Streifen geschnitten
4 Knoblauchzehen, gepresst
1 Zitrone, halbiert
Salz
100 g Kichererbsen, mindestens 12 Stunden eingeweicht

Beilage: geröstetes Khubz Tanour (Seite 49)

Zusätzlich benötigst du:
sehr großer Suppen- oder Schmortopf

Als ich im Nahen Osten aufwuchs, war Fleisch etwas für besondere Gelegenheiten, schlicht und einfach, weil es unbezahlbar war. Meine Mutter ging in Erbil in der Regel zum Metzger und fragte nach ein paar Knochen, um daraus Brühe für Marqua zu kochen, und das war's. Als ich zum ersten Mal wieder im Irak zu Besuch war, wurde zur Feier unseres Kommens ein lebendes Schaf gekauft. Meine Tante verbrachte mehrere Tage in der Küche, um alle verschiedenen Teile des Tieres zuzubereiten. Die ganze Familie und die Armen aus der Nachbarschaft bekamen etwas davon. Aus den Resten machte man dann Pacha »für die Männer«. Patriarchat in Reinkultur – als wären Frauen zu zart, um Eingeweide zu essen. Glücklicherweise ist das Internet mittlerweile voll mit ASMR-Filmen, in denen arabische Frauen Anspruch auf diese Delikatesse erheben.

Traditionell enthält es Lammmagen und Därme, gefüllt mit einer gewürzten Reismischung. Außerdem kommt alles Mögliche hinein, was man sich nur vorstellen kann, vor allem viele Schafsteile, die man im heutigen westlichen Supermarkt nicht findet. Dieses Pacha-Rezept ist etwas einfacher, mit Kalbsmagen, weil der öfter gereinigt angeboten wird. Fühl dich frei, Lammhaxe oder eine ganze Lammkeule hinzuzufügen. Man isst es wie Tishreeb mit Rohkost (Seite 56), rotem Torshi (Seite 195) und fein geschnittener Zwiebel.

→

1. Den Magen in dünne, 2 × 3 cm große Streifen schneiden. In einem Topf viel Wasser zum Kochen bringen, die Magenstreifen hineingeben und 30 Minuten kochen. Abgießen.
2. Schafsköpfe und Zungen in eine große Schüssel geben. Mit 3 l kochendem Wasser übergießen und 1 Minute stehen lassen; dann abgießen.
3. Schafsköpfe waschen. Zusammen mit der Zunge und Kalbsmagenstreifen in einen großen Topf geben und auf mittlerer Stufe erhitzen. Deckel auflegen und alles 10 Minuten schmoren lassen. Deckel abnehmen und alles wenden. Die Zwiebeln oben kreuzweise einschneiden und hinzufügen. Lorbeerblätter, getrocknete Limette, Gewürznelken, Piment, Kurkuma, weiße Pfefferkörner, Ingwer, Knoblauch und die halbierte Zitrone hinzugeben und umrühren. 3 Minuten kochen. Dann so viel kochendes Wasser hinzugeben, dass alles eben bedeckt ist, und zum Kochen bringen. Den weißen Schaum, der sich oben absetzt, abschöpfen. Die Hitze verringern und alles ca. 2 Stunden gar köcheln lassen. Nach 30 Minuten etwas Salz und die eingeweichten Kichererbsen hinzufügen.
4. Die Zungen aus der Brühe holen und abkühlen lassen. Auch die Zungen aus den Schafsköpfen abschneiden. Zungen häuten und in Scheiben schneiden. Die Schafsköpfe kann man im Ganzen servieren oder halbieren, das Hirn in etwas Butter anbraten und dazu servieren.
5. Die Köpfe auf eine große Platte legen und Zungenscheiben und Kalbsmagenstreifen daneben anordnen. Die Brühe mit Kichererbsen drumherum angießen. Das geröstete Khubz zerreißen und dazulegen.

FÜR 4 PORTIONEN | ZUBEREITUNGSZEIT: 1 STUNDE

TURSHANA

GESCHMORTES LAMMFLEISCH MIT TROCKENFRÜCHTEN

Turshana wird auch »Süß-und-sauer-Schmortopf« genannt, weil es dabei um die richtige Balance zwischen diesen beiden Geschmacksrichtungen geht. Bei jeder Trockenfruchtmarke fällt der Säuregrad anders aus, koste also vor allem selbst ausgiebig. Dieses Schmorgericht isst man traditionell mit weißem Reis (Seite 75), aber mit einem guten Kartoffelbrei finde ich es noch leckerer.

ZUTATEN

600 g Lammfleisch, am besten Lammnacken, in 2 × 2 cm große Stücke geschnitten
3 Lorbeerblätter
2 TL Salz
3 EL Sonnenblumenöl
300 g Pflaumen, ohne Kern
300 g Aprikosen, ohne Kern
75 g getrocknete, gesüßte Cranberrys
1 EL Granatapfelsirup
1 EL Dattelsirup
5 Kardamomkapseln, zerdrückt
5 Pimentkörner, zerdrückt
2 TL gemahlener Zimt
150 g geschälte Mandeln, geröstet

1. Das Lammfleisch in einen Topf geben und 1½ Liter kaltes Wasser zugießen, bis das Fleisch bedeckt ist. Lorbeerblätter hinzugeben und auf niedriger Stufe erhitzen. Den Schaum, der sich oben absetzt, abschöpfen und das Fleisch 35 Minuten kochen. Deckel abnehmen, die Hitze verringern, 2 Teelöffel Salz hinzufügen und nochmals 10 Minuten kochen. Das Fleisch aus der Brühe nehmen und auf einen Teller legen.
2. Sonnenblumenöl in einem Schmortopf erhitzen. Das Fleisch 5 Minuten darin anbraten. Nun Pflaumen, Aprikosen und Cranberrys hinzufügen und 3 Minuten braten. Regelmäßig umrühren.
3. Brühe, Granatapfelsirup, Dattelsirup, Kardamom, Piment und Zimt hineinrühren. Das Turshana auf niedriger Stufe in ca. 25–30 Minuten gar kochen. Es ist fertig, wenn das Obst weicher geworden und die Soße dickflüssig ist. Falls sie zu dick ist, eventuell ein halbes Glas kochendes Wasser zugießen. Kosten, ob süß und sauer ausgewogen sind, und nach Geschmack zusätzlich Dattel- oder Granatapfelsirup hinzufügen.
4. Vor dem Servieren die gerösteten Mandeln unterziehen.

FÜR 4 PORTIONEN | ZUBEREITUNGSZEIT: 1 STUNDE UND 10 MINUTEN | GARZEIT: 50 MINUTEN

TEPSI BEETINJAAN

AUBERGINEN-AUFLAUF

Tepsi Beetinjaan, oder Auberginen-Auflauf, ist ein Gericht, das man pur, mit weißem Reis (Seite 75) oder mit Fladenbrot essen kann. Es besteht aus einfachen Zutaten; was es so richtig lecker macht, ist, das Gemüse leicht anzufrittieren. Biber salçasi (Seite 11) wird in einer milden und in einer scharfen Variante verkauft, nimm die, die du lieber magst. Vergiss hierbei die Rohkost nicht, das macht das Ganze frischer.

ZUTATEN

2 Auberginen, in 1½ cm dicke Scheiben geschnitten
2 EL Salz, gegebenenfalls weiteres Salz nach Geschmack
1 l Sonnenblumenöl zum Frittieren
400 g festkochende Kartoffeln, in 1½ cm dicke Scheiben geschnitten
2 grüne Paprikaschoten, in 1½ cm dicke Ringe geschnitten
1 große Zwiebel, in 1½ cm dicke Ringe geschnitten
4 Fleischtomaten, in 1½ cm dicke Scheiben geschnitten
4 EL Olivenöl
4 Knoblauchzehen, gepresst
3 EL Biber salçasi
3 EL Tomatenmark
1 TL Koriandersamen, geröstet, fein gemahlen
1 TL Kreuzkümmelsamen, geröstet, fein gemahlen
2 TL schwarzer Pfeffer, fein gemahlen
50 g Tamarindenmark, 15 Minuten in 50 ml kochendem Wasser eingeweicht
1 EL weißer Zucker
20 g frische Petersilie, Blätter und Stängel, fein geschnitten
400 ml kochendes Wasser

Beilage: Basmatireis (Seite 75)

Zusätzlich benötigst du:
Ofenform mit Deckel, Durchmesser ungefähr 23 cm

1. Auberginenscheiben in eine Schüssel mit reichlich Wasser und 2 EL Salz legen. Einen Teller mit etwas kleinerem Durchmesser als die Schüssel daraufstellen und beschweren, sodass die Auberginenstücke gut unter Wasser bleiben. 30 Minuten stehen lassen.
2. Sonnenblumenöl in einer Bratpfanne auf 170 °C erhitzen. Auberginen ausdrücken und mit einem sauberen Geschirrtuch trockentupfen. Die Scheiben 3 Minuten pro Seite in so viel Öl, dass sie zur Hälfte eingetaucht sind, frittieren und beiseitestellen. Mit den Kartoffelscheiben wiederholen. Paprikaschoten und Zwiebel 2 Minuten frittieren. Zum Schluss die Tomatenscheiben 3 Minuten frittieren.

3. In einem Topf 2 EL Olivenöl auf mittlerer Stufe erhitzen. Knoblauch, Biber salçasi, Tomatenmark, Koriandersamen, Kreuzkümmelsamen und schwarzen Pfeffer 3 Minuten anbraten. Tamarindenmark ausdrücken und Tamarindenmark, Zucker, Petersilie und 400 ml kochendes Wasser in die Soße rühren. Salz nach Geschmack hinzufügen.
4. Den Ofen auf 190 °C Ober-/Unterhitze (Umluft: 170 °C) vorheizen.
5. Tepsi aufbauen: Boden der Ofenform mit der Soße bedecken und darauf abwechselnd Zwiebel, Tomate, Auberginen, Kartoffel und Paprikaschote überlappend einlegen. Tepsi mit dem restlichen Olivenöl bestreichen.
6. Tepsi mit Alufolie bedecken und Deckel auf die Ofenform aufsetzen. 30 Minuten bei 190 °C Ober-/Unterhitze (Umluft: 170 °C) auf der mittleren Schiene backen. Folie und Deckel entfernen und nochmals 20 Minuten backen. Das Tepsi ist fertig, wenn die Kartoffeln goldbraun und die Auberginen weich geworden sind.

KIBBEH

KIBBEH'T MOSUL • KIBBEH'T BULGUR

KIBBEH'T HALAB • BATATA CHAP • KIBBEH'T ADOM

KIBBEH LABANEEYA • KIBBEH'T HAMOUDT

ÜBER KIBBEH

Kibbeh ist das kulturelle Vermächtnis des Iraks. Es ist eine Art Teigtasche oder Krokette und man begegnet allerlei unterschiedlichen Krusten, Formen und Füllungen. Die Zubereitung von Kibbeh ist eine arbeitsintensive Angelegenheit, für die die Frauen im Irak gepriesen oder verspottet werden. Als Heiratskandidatin wird deine Gewissenhaftigkeit daran gemessen, wie dünn die Kruste deiner Kibbeh ist, weil diese Arbeit so aufwendig ist – das ist die Hintergrundidee.

Ich habe Kibbeh jahrelang lediglich essen wollen. An die Zubereitung wollte ich mich wirklich nicht machen mit einer Mutter, die als erbarmungslose Kibbeh-Queen bekannt ist.

Ich habe die Rezepte in diesem Kapitel folglich hier und da optimiert und vereinfacht. Bevor du loslegst, musst du verstehen, dass es für perfekt aussehende, sexy Kibbeh jahrelange Erfahrung braucht. Das bedeutet aber nicht, dass es nicht schmeckt, und du wirst von deinen eigenen Kibbeh sowieso entzückt sein – solange du nicht die von meiner Mutter, der Kibbeh-Queen, probierst.

GEREESH

Gereesh (Weizenschrot) ist in der Levante auch als das Getreide schlechthin für Kibbeh bekannt. Im Gegensatz zu Bulgur, für den man den Weizen kocht, wird Gereesh aus ungekochtem gemahlenem Weizen hergestellt. Kommt Bulgur in die Kibbeh, nimmt man üblicherweise eine Kombination aus Gereesh und Bulgur. Der Bulgur verleiht mehr Geschmack, aber wenn man Kibbeh-Teig ausschließlich aus Bulgur macht, wird es als Anfänger sehr schwierig. Deswegen mache ich immer einen Teig aus einer Kombination von beiden. Die feinen, ungekochten Gereesh-Körner binden das Ganze zusammen. Gereesh findest du hauptsächlich in irakischen, syrischen und manchmal in marokkanischen Supermärkten.

FEINER HARTWEIZENGRIESS

Feiner Weizengrieß ist bei der Zubereitung von Kibbeh die beste Alternative zu Gereesh. Nimm jedoch eine Sorte, bei der explizit vermerkt ist, dass es sich um einen feinen Mahlgrad handelt.

TIPPS FÜR MEINE KIBBEH-KINGS, -QUEENS UND -MONARCHEN

1

Für Kibbeh, das Bulgur enthält, gilt: Je mehr Bulgur, desto schwieriger. Als Anfänger den Teig mit einer großen Menge Gereesh, Lapsi-Mehl (Weizenschrot) oder feinem Grieß und einer kleinen Menge Bulgur zubereiten.

2

Maisstärke für mehr Bindung verwenden. Je mehr Bindung, desto einfacher lassen sich die Kibbeh formen.

3

Mit kaltem Teig arbeiten. Der ist fester, so kann man die Kibbeh besser formen.

4

Mit großen Kibbeh anfangen, das ist einfacher und macht Mut.

5

Die Kruste muss nicht sehr dünn sein. Vor allem nicht am Anfang; die dünne Kruste ist nur etwas für Profis.

6

Sich Zeit nehmen. Kibbeh macht man nicht auf den letzten Drücker.

7

Die Kibbeh vor dem Frittieren oder Einfrieren kurz im Ofen vorbacken, dann zerfallen sie nicht so schnell.

8

Da man ja sowieso dabei ist: viele zubereiten. Kibbeh macht man tatsächlich, um sie einzufrieren.

9

Kibbeh mit Kartoffeln gelingen mir mit diesen großen, mehligen Kartoffeln am besten, die man in den orientalisch-nordafrikanischen Supermärkten bekommt. Auf keinen Fall »etwas mehlige« oder festkochende Kartoffeln nehmen.

10

Bei der Zubereitung von Kibbeh-Suppe niemals den Deckel auflegen, denn dann besteht die Möglichkeit, dass die Kibbeh zerfällt. Etwas Flüssigkeit auffüllen, wenn viel verdampft ist.

FÜR 12–14 STÜCK · ZUBEREITUNGSZEIT: 1 ½ STUNDEN · WARTEZEIT: 1 STUNDE

KIBBEH'T MOSUL

GEFÜLLTE BULGURKÜCHLEIN

ZUTATEN

Für die Kruste:
250 g Gereesh (Weizenschrot) oder feiner Hartweizengrieß
250 g feiner Bulgur
500 g mageres Kalbshackfleisch, vom Kalbssteak
2 TL und 1 EL Salz, gegebenenfalls weiteres Salz nach Geschmack

Für die Füllung:
2 Zwiebeln, fein geschnitten
400 g Lammhackfleisch, mindestens 25 % Fett
2 TL schwarzer Pfeffer, fein gemahlen
40 g Pinienkerne, geröstet
neutrales Öl zum Frittieren

Kibbeh't Mosul ist eine gute Nachricht für Kibbeh-Begeisterte, die die hauchdünne Kibbeh-Kruste ohne große Anstrengung haben wollen. Diese Kibbeh macht man nämlich mithilfe einer Teigrolle. Achte aber darauf, dass du im Teig mageres Kalbshackfleisch verwendest und in der Füllung fettes Lammhackfleisch. Bitte daher den Metzger, für dich Kalbshackfleisch aus einem schönen Kalbssteak durch den Wolf zu drehen. Ich esse Kibbeh't Masul am liebsten mit der britischen HP-Soße, die aus Tamarindenschoten hergestellt wird. Ich weiß nicht, ob das daher kommt, dass die Briten den Irak kolonisiert haben, oder ob dieser Geschmack nach Worcestershiresoße einfach lecker ist. Das Noomi-Chutney (Seite 207) oder eine beliebige Grillsoße passen auch gut. Wenn du ganz und gar in den Kohlenhydrate-Modus gehen willst, packst du deine Kibbeh mit ein paar Minzeblättern, einer der obenstehenden Soßen und Tomatenstückchen in ein Brötchen.

→

Zusätzlich benötigst du:
Frischhaltefolie, durchsichtige Plastikbeutel, Teigrolle, Ausstechform oder Deckel mit scharfem Rand von ca. 15 cm Durchmesser

1. Gereesh (oder Grieß) und Bulgur vermischen. 200 ml lauwarmes Wasser hinzugeben und einarbeiten, bis das Gemisch das meiste Wasser aufgenommen hat. Mit Frischhaltefolie abdecken und 1 Stunde an einem warmen Ort stehen lassen.
2. Kalbshackfleisch und 2 TL Salz in das Grieß-Bulgur-Gemisch kneten, bis ein bearbeitbarer Teig entstanden ist, den man zu einer Kugel formen kann; dies dauert ca. 3 Minuten. Sollte der Teig sich zu nass anfühlen, noch etwas Grieß hinzugeben, ist er zu trocken, ein wenig Wasser hinzugeben.
3. Für die Füllung Zwiebel, Lammhackfleisch, schwarzen Pfeffer, Salz und Pinienkerne gründlich vermengen.
4. Ein paar Plastikbeutel aufschneiden, sodass man eine breite Fläche für die Zubereitung der Kibbeh hat. Arbeitsfläche mit ein paar Tropfen Wasser besprenkeln und einen Plastikbeutel ausbreiten. Ein Teigstück (100 g) auf den Plastikbeutel legen. Einen zweiten Plastikbeutel darauf legen und den Teig zu einem Kreis von ca. 15 cm Durchmesser ausrollen. Obere Plastikschicht vorsichtig vom Teig abziehen. Mit einer Schüssel, einem Deckel oder einer Ausstechform einen Kreis ausstechen. Die überstehenden Ränder aufnehmen und zum restlichen Teig geben. Für die Deckschicht diese Schritte mit einem weiteren Teigstück wiederholen.
5. Nun 2 EL Füllung auf den Teigkreis legen und verstreichen; 1 cm Rand freilassen. Den zweiten Teigkreis darauf legen und die Ränder des Teigkreises mit nassen Fingern nach außen hin zusammendrücken. Beide Hände auf die Mitte der Kibbeh legen und eventuell Luft von der Mitte nach außen herausdrücken. Kibbeh auf ein Stück Plastikbeutel legen und den restlichen Teig und die restliche Füllung ebenso zu Küchlein verarbeiten. Falls der Teig sich im Verlauf zu trocken anfühlt, etwas Wasser hinzugeben.
6. In einem Topf reichlich Wasser mit 1 EL Salz zum Kochen bringen. Kibbeh auf einem Schaumlöffel vorsichtig ins Wasser sinken lassen und ohne Deckel kochen. Die Kibbeh ist fertig, wenn sie allmählich etwas aufsteigt; dies dauert durchschnittlich 5 Minuten. Kibbeh aus dem Topf nehmen, trockentupfen und die restlichen Kibbeh garen. Zwischendurch Wasser und Salz im Topf nachfüllen.
7. Man kann die Kibbeh gekocht essen, aber ich finde es leckerer, sie in etwas Olivenöl leicht knusprig zu braten oder sehr knusprig und goldbraun zu frittieren.

FÜR 12–15 STÜCK ✦ ZUBEREITUNGSZEIT: 1 ½ STUNDEN ✦ WARTEZEIT: 1 STUNDE

KIBBEH'T BULGUR

PFLANZLICHE KIBBEH

ZUTATEN

Für die Kruste:
250 g Gereesh (Weizenschrot) oder feiner Hartweizengrieß
250 g feiner Bulgur
2 TL Kreuzkümmelsamen, geröstet, fein gemahlen

Für die Füllung:
40 g Berberitzen oder 80 g gesüßte, getrocknete Cranberrys
6 EL Olivenöl
1 Zwiebel, klein geschnitten
50 g Karotte, in ½ cm große Würfel geschnitten
3 Knoblauchzehen, gepresst
50 g grüne Erbsen
75 g Mais aus der Dose
80 g frische Petersilie, Blätter und Stängel, fein geschnitten
1 TL arabisches Sieben-Gewürze-Pulver, selbst gemacht (Seite 208) oder aus dem Supermarkt

Ich habe Kibbeh gesehen, da war die Kruste so dick, dass ich genau hinschauen musste, ob es nicht eine Frikadelle war. So sollen Kibbeh natürlich nicht sein, ich verstehe es aber – meine sahen zu Anfang auch so aus. Ich habe mein Leben, die Kultur, diese Küche so verflucht, als ich für einen Cateringauftrag einmal 400 Kibbeh zubereiten musste. Man beginnt dann mit einem plumpen Klops und arbeitet sich im Laufe der Zeit hin zu feineren, dünnkrustigen Kibbeh. Meine Schwester hält es für eine Sünde, ein solches Werk der Liebe in die Fritteuse zu stecken. Ihrer Meinung nach schmecken gekochte Kibbeh, die noch feucht und weich sind, feiner. Ich sehe das anders, aber die Entscheidung liegt bei dir. Sobald sie gekocht sind, kannst du sie also schon essen, zum Beispiel mit Noomi-Chutney (Seite 207).

1. Gereesh, Bulgur und Kreuzkümmel vermischen. 250 ml lauwarmes Wasser hinzufügen und einarbeiten, bis die Bulgur-Grieß-Mischung die meiste Flüssigkeit aufgenommen hat. Den Teig mit Frischhaltefolie abdecken und 1 Stunde an einem warmen Ort stehen lassen.
2. Berberitzen mindestens 15 Minuten in einer Tasse mit heißem Wasser einweichen. Falls Cranberrys verwendet werden, diese fein schneiden. Olivenöl in einer Schmorpfanne (hoher Rand) auf mittlerer Stufe erhitzen und die Zwiebel 5 Minuten anbraten. Karotte, Knoblauch, grüne Erbsen, Mais, Petersilie, Sieben-Gewürze-Pulver, Kurkuma, schwarzen Pfeffer und Salz nach Geschmack hinzufügen und 4 Minuten mitbraten. Berberitzen ausdrücken und zusammen mit den Walnüssen hinzugeben.

→

1 TL Kurkuma
2 TL schwarzer Pfeffer, fein gemahlen
2 TL Salz, gegebenenfalls weiteres Salz nach Geschmack
50 g Walnüsse, mittelfein gehackt (nicht grob, nicht ganz fein)
4 EL Ghee oder pflanzliche Butter, Zimmertemperatur
Kochsalz
neutrales Öl zum Frittieren und Öl zum Einfetten

Zusätzlich benötigst du:
Frischhaltefolie oder Plastikbeutel

TIPP

Du kannst Kibbeh nach dem Formen oder Kochen einfrieren. Ich würde es nach dem Kochen tun, denn dann weißt du sicher, dass sie nicht zerfallen. Es ist am praktischsten, zwischen die Kibbeh-Lagen einen dünnen Plastikbeutel zu legen.

3. Ghee und 2 TL Salz zum Teig hinzufügen und kneten: die Knöchel hineindrücken und Teig zusammenpressen, bis ein gut zu verarbeitender Teig entstanden ist. Zwischendurch 100 ml Wasser hinzufügen und versuchen, nicht zu viel zu kneten. Der Teig lässt sich leicht ausrollen, wenn er nicht zu sehr an den Fingern klebt, wohl aber ein Ganzes bildet. Sollte er zu klebrig sein, noch etwas Grieß hinzugeben.
4. Ein Schälchen mit neutralem Öl bereitstellen. Die Hände mit diesem Öl einfetten, ca. 80 g Teig abnehmen und zu einer Kugel rollen. Die Kugel zwischen Daumen und Zeigefinger der einen Hand halten. Mit dem Zeigefinger der anderen Hand die Mitte der Kugel eindrücken und den Teig so »aushöhlen«. Die Ränder andrücken und dabei die Kibbeh drehen, sodass die Hülle eine gleichmäßige Dicke hat. Die Kibbeh noch immer mithilfe von Zeigefinger und Daumen fest in der Handfläche halten und 1½ EL der Füllung hineingeben. Zum Verschließen die Kibbeh-Ränder zusammenfügen und nun drücken und schieben, bis die Kibbeh glatt ist – das geht mit gefetteten Händen einfacher. Hat sie Risse, diese mit extra gefetteten Händen durch Glattstreichen ebnen. Traditionell kann man nun eine Spitze hineinformen, das muss aber nicht unbedingt sein, wenn man ein Grünschnabel ist. Kibbeh auf einen Plastikbeutel oder Frischhaltefolie legen. Den Teig in der Zwischenzeit mit einem Geschirrtuch abdecken und stets etwas Wasser hinzufügen, wenn man lange beschäftigt ist, damit er nicht austrocknet.
5. Ich würde erst eine Kibbeh testen, bevor man den Rest formt. In einem großen Topf Wasser und 1 EL Kochsalz zum Kochen bringen. Kibbeh mit einem Schaumlöffel vorsichtig hineinsinken lassen. Inshallah fällt die Kibbeh nicht auseinander. Sollte das aber passieren, sind wahrscheinlich Löcher im Teig. Deswegen ist es wichtig, dass man die Kibbeh außen glattstreicht. Sie ist gar, wenn sie etwas aufschwimmt. Aus dem Topf nehmen und in einem Sieb abtropfen lassen; Wasser und Salz während des Kochens im Verlauf bei Bedarf ergänzen.
6. Öl in einem (Frittier-)Topf auf 170 °C erhitzen. Kibbeh in ca. 5 Minuten knusprig und goldbraun frittieren.

FÜR 25 STÜCK | ZUBEREITUNGSZEIT: 2 STUNDEN | WARTEZEIT: 2 ½ STUNDEN

KIBBEH'T HALAB

GARNELEN-REIS-KIBBEH

ZUTATEN

Für die Kruste:
400 g Risottoreis (Arborio)
400 g mehligkochende Kartoffeln, am besten die großen aus dem orientalischen Supermarkt
2 TL Kurkuma
1 TL Safranfäden, fein gemahlen
2 TL Salz
2 EL Maisstärke
5 EL Paniermehl (optional)

Für die Füllung:
600 g Garnelen, Gewicht nach dem Schälen und Säubern
½ EL Maisstärke
40 g frischer Koriander, Blätter und Stängel, fein geschnitten
abgeriebene Schale von 2 Zitronen

kleine Schüssel Wasser mit ein paar Eiswürfeln
Öl zum Frittieren

Zusätzlich benötigst du:
Frischhaltefolie oder durchsichtige Plastikbeutel

Eine Lieblings-Kibbeh zu nennen ist unmöglich. Wenn es aber wirklich sein muss, dann die Halab. Egal, womit sie gefüllt ist, es ist immer eine angenehme Überraschung, wenn man die goldbraune Reiskruste beim Durchbrechen der Kibbeh eindrückt. Kibbeh't Halab wird traditionell mit Lammhackfleisch gefüllt, für mich ist das Wesentliche bei dieser Kibbeh aber die knusprige Reiskruste; innen ist sie cremig und schmeckt nach einem Hauch Kurkuma. Wie alle frittierten Kibbeh schmeckt sie mit einem fruchtigen Dip wie Noomi-Chutney (Seite 207) am besten. Paniermehl muss absolut nicht sein, wenn du die Kibbeh glutenfrei haben möchtest; es macht lediglich die Kruste besonders knusprig.

1. Den Reis mehrmals in einer Schüssel waschen, bis das Wasser allmählich klar wird. 600 ml Wasser hinzugeben und den Reis in kleine Krümel brechen. Das Wasser wird weiß; das ist die freiwerdende Stärke. 30 Minuten einweichen lassen. In der Zwischenzeit die Kartoffeln schälen, in grobe Stücke schneiden und 30 Minuten kochen. Das Wasser abgießen und Kartoffeln abkühlen lassen.
2. Den Reis mit Einweichwasser in einen Topf geben und auf niedriger Stufe zum Kochen bringen. Kurkuma, Safran und 2 TL Salz einrühren. Den Reis in 40 Minuten zu Brei kochen. Zwischendurch prüfen, dass er nicht am Boden ansetzt. Den Reis gründlich umrühren; er ist gut, wenn er zu »Pampe« geworden ist. Die Kartoffeln mit einem Kartoffelstampfer zerdrücken und zum gekochten Reis hinzugeben. Alles gut abkühlen lassen und 2 Stunden in den Kühlschrank stellen.

→

TIPP

Für pflanzliche Kibbeh't Halab kannst du die Füllung von Kibbeh't Bulgur (Seite 119) verwenden.

3. Maisstärke und Paniermehl zum Reis-Kartoffel-Gemisch geben und die Zutaten 5 Minuten lang gründlich miteinander verkneten. Ziel ist, einen Teig zu bekommen, der gut zu verarbeiten ist, nicht zu stark an den Händen klebt und noch ein wenig Reisstruktur besitzt.
4. Für die Füllung die Garnelen 4 Minuten auf hoher Stufe braten und die meiste Flüssigkeit abgießen. Fein schneiden und mit der Maisstärke vermischen. Koriander und abgeriebene Zitronenschale unterziehen und mit etwas Salz abschmecken.
5. Zum Kibbeh-Formen ein Schälchen mit Eiswasser bereitstellen. Die Hände vor Beginn jeweils mit etwas Wasser benetzen. 50 g Teig abnehmen und zu einer Kugel rollen. Mit dem Zeigefinger der einen Hand die Kugel eindrücken und in der Handfläche der anderen Hand festhalten. Den Teig mit dem Zeigefinger eindrücken, bis er die Form einer Espressotasse hat. Die Kibbeh mit knapp 1 EL Garnelen füllen. Die Öffnung zudrücken, die Kibbeh zwischen beiden Handflächen halten und in eine Torpedoform bringen. Eine Hand wieder mit etwas Eiswasser befeuchten und die Kibbeh glattstreichen, während sie mit der anderen Hand gedreht wird. Kibbeh auf ein Stück Frischhaltefolie oder einen aufgeschnittenen, durchsichtigen Plastikbeutel legen, während die restlichen geformt werden.
6. In einer Bratpfanne so viel Öl auf 170 °C erhitzen, dass die Kibbeh eingetaucht ist. Kibbeh vorsichtig mit einem Schöpflöffel ins Öl sinken lassen und in ca. 5 Minuten knusprig frittieren, wenn sie sofort serviert werden. Nicht zu lange weiter frittieren, man muss diese charakteristische gelbe Farbe noch sehen. Sollen die Kibbeh abkühlen oder eingefroren werden: 2 Minuten frittieren und abkühlen lassen. Sie können dann im Kühlschrank zugedeckt 1 Tag aufbewahrt oder im Gefrierbeutel eingefroren werden. Zum Servieren direkt aus dem Kühlschrank oder dem Gefrierschrank in ca. 4 Minuten knusprig frittieren.

FÜR 30 STÜCK · ZUBEREITUNGSZEIT: 1 ½ STUNDEN · WARTEZEIT: 45 MINUTEN

BATATA CHAP

KARTOFFELKIBBEH

ZUTATEN

Für die Kruste:
1 kg große, mehligkochende (orientalische) Kartoffeln
80 g Maisstärke
1 ½ EL Salz
½ EL Kurkuma

Für die Füllung:
2 EL Olivenöl
1 Zwiebel, klein geschnitten
500 g Lammhackfleisch oder vegetarisches Hack
2 TL arabisches Sieben-Gewürze-Pulver, selbst gemacht (Seite 208) oder aus dem Supermarkt
1 TL schwarzer Pfeffer, fein gemahlen
30 g frische Petersilie, Blätter und Stängel, fein geschnitten

Öl zum Frittieren und Öl zum Einfetten der Hände

Zusätzlich benötigst du:
Frischhaltefolie, durchsichtige Plastikbeutel

Dieses Rezept für Batata Chap ist überhaupt nicht schwer. Pass aber auf, dass du die richtigen Kartoffeln kaufst; ich bevorzuge diese sehr großen Kartoffeln, die in orientalischen Supermärkten verkauft werden. Sie sind mehligkochend, aber doch anders als die aus dem »normalen« Supermarkt. Kein orientalisch-nordafrikanischer Supermarkt in der Nähe? Dann nimm die am stärksten mehligkochende Kartoffelsorte, die du finden kannst.

1. Kartoffeln in einem Topf mit reichlich kochendem Wasser in ungefähr 25 Minuten garen. Wasser abgießen, Kartoffeln schälen und in eine Schüssel geben. Die noch warmen Kartoffeln mit einem Kartoffelstampfer fein zerstampfen. Das Püree 15 Minuten in den Kühlschrank stellen.
2. Die Hälfte der Maisstärke, ½ TL Salz und Kurkuma zu den Kartoffeln geben und mit den Händen gut vermengen. Restliche Maisstärke hinzugeben und Kartoffelpüree 5 Minuten kneten, bis ein gut zu verarbeitender Teig entstanden ist. Die Hände mit etwas Olivenöl einfetten und den Teig zu einem Häuflein zusammenschieben. Mit Frischhaltefolie abdecken und 30 Minuten in den Kühlschrank stellen.
3. In der Zwischenzeit die Füllung zubereiten; dafür Olivenöl in einer Bratpfanne auf mittlerer Stufe erhitzen. Zwiebel darin anbraten. Hackfleisch, Sieben-Gewürze-Pulver, schwarzen Pfeffer und 1 TL Salz hinzufügen und 6 Minuten mitbraten. Das Hackfleisch muss gut trocken werden. Sollte noch Flüssigkeit zu sehen sein, so lange weiterbraten, bis die Flüssigkeit verdampft ist. Petersilie einrühren.
4. Werden die Kibbeh nicht sofort frittiert, ist es praktisch, ein Tablett mit Frischhaltefolie oder einem aufgeschnittenen durchsichtigen Plastikbeutel auszulegen. In einem Schälchen etwas neutrales Öl bereitstellen. Die Hände damit einfetten. Etwa 40 g Teig abnehmen, zu einer Kugel rollen und die Kugel in eine Handfläche legen. Mit der anderen Hand zu einer flachen kreisförmigen Scheibe drücken. Weniger als 1 EL Füllung in die Mitte legen, die Ränder zueinander falten und zudrücken. Kibbeh zwischen den Händen zu einer

Ufo-Form drehen und drücken. Wiederum eine Hand mit etwas Öl einfetten und die Oberfläche der Kibbeh damit gleichmäßig glattstreichen. Die restlichen Kibbeh formen.

5. Wenn das Tablett voll ist, einen aufgeschnittenen Plastikbeutel auf die erste Schicht legen, sodass eine neue Lage Kibbeh darauf gestapelt werden kann. Das Tablett mit Frischhaltefolie abdecken und die Kibbeh einfrieren. Sobald sie gefroren sind, kann man sie in einen Gefrierbeutel umfüllen.
6. Zum Frittieren so viel Öl auf 170 °C erhitzen, dass mehrere Kibbeh untergetaucht hineinpassen. In kleinen Mengen knusprig und goldbraun frittieren.

TIPP

Für Gemüse-Batata-Chap kannst du das Hackfleisch durch 800 g sehr fein geschnittene und gebratene Champignons ersetzen.

FÜR 15 STÜCK | ZUBEREITUNGSZEIT: 45 MINUTEN | WARTEZEIT: 45 MINUTEN

KIBBEH'T ADOM

JÜDISCH-IRAKISCHE KIBBEH-SUPPE

ZUTATEN

Für die Füllung:
200 g getrocknete grüne Linsen
6 EL Olivenöl
2 Zwiebeln, klein geschnitten
1 TL Zimt, gemahlen
1 TL Kurkuma, gemahlen
2 TL schwarzer Pfeffer, gemahlen, gegebenenfalls weiteren Pfeffer nach Geschmack
2 TL Salz, gegebenenfalls weiteres Salz nach Geschmack

Für die Kruste:
400 g mittelharter Weizengrieß

Für die Suppe:
6 Rote Bete, geschält
4 Knoblauchzehen, gepresst oder geraspelt
100 g Tomatenmark
2 TL Paprikapulver
1 EL Instant-Gemüsebrühe
1 TL Kreuzkümmelsamen, geröstet und gemahlen
2 schwarze getrocknete Limetten, halbiert, ohne Kerne
1½ l kochendes Wasser
Saft von 1 Zitrone

Zusätzlich benötigst du:
Frischhaltefolie

Kibbeh't Adom ist eine kurdische und jüdisch-irakische Suppe mit sehr einfach gemachten Kibbeh als Einlage. Ich war ungefähr vier Jahre alt, als ich in Erbil wohnte. Ich habe von diesem kurdischen Teil des Iraks nicht nur das herrliche Essen in Erinnerung, sondern auch, dass ich zur Strafe auf einem WC mit sehr großen Grillen und Kakerlaken eingesperrt wurde. Die Lehrerin war verärgert, weil ich im Unterricht anstelle der kurdischen Nationalhymne ein Lied über Saddam Hussein zu singen begann. Meine Onkel in Bagdad hatten es mir beigebracht, sodass es immer wirkte, als sei ich Team Saddam, für den Fall, dass dessen Spione in der Nähe waren. Zum Glück hat Kurdistan außer bösen, nationalistischen Lehrerinnen auch gute Dinge zu bieten, zum Beispiel diese Suppe.

1. Die Linsen in einem Topf mit reichlich Wasser in ca. 35 Minuten (je nach Linsensorte) gar kochen. Sie müssen anfangen zu zerfallen. Abgießen. 2 EL Olivenöl auf mittlerer Stufe erhitzen. Darin die Hälfte der klein geschnittenen Zwiebel 5 Minuten anbraten. Linsen, Kurkuma, Zimt, schwarzen Pfeffer und 1 TL Salz hinzufügen; 3 Minuten mitbraten.
2. Grieß mit 1 TL Salz vermischen und nach und nach ca. 250 ml Wasser hinzufügen. Wasser mit dem Grieß vermischen, aber nicht zu sehr kneten, damit der Teig nicht widerspenstig wird. Der Teig soll sich weich, aber nicht zu nass anfühlen. Mit Frischhaltefolie abdecken und 5 Minuten ruhen lassen.
3. Hände einfetten und eine Teigportion in der Größe einer kleinen Mandarine abnehmen. Zu einer Dicke von ungefähr 2 cm flach drücken (wenn es klappt) und mit den Linsen füllen. Die Ränder mit dem Daumen zusammendrücken und zufalten. Unebene Stellen und Dellen im Teig mit der gefetteten Hand glattstreichen. Kibbeh auf ein Stück Frischhaltefolie legen und mit einem Geschirrtuch abdecken, während die restlichen Kibbeh geformt werden.
4. Nun 2 Rote Bete in feine Würfel und den Rest in grobe Stücke schneiden. 4 EL Olivenöl auf mittlerer Stufe erhitzen. Die restliche Zwiebel und den Knoblauch darin 3 Minuten anbraten. Tomatenmark,

Rote Bete, Paprikapulver, Instant-Gemüsebrühe und Kreuzkümmel hinzufügen und weitere 3 Minuten braten. Getrocknete Limetten hinzufügen. 1½ l kochendes Wasser zugießen. Kibbeh ganz vorsichtig in die Suppe gleiten lassen. Darauf achten, dass sie nicht aneinanderkleben. Wenn nicht alle Kibbeh ganz versinken, mehr Wasser hinzugeben. Mit Pfeffer und Salz abschmecken. Die Suppe ohne Deckel in 40 Minuten gar kochen, oder bis sie die gewünschte Konsistenz hat. Kibbeh ab und zu vorsichtig durch Umrühren vom Boden lösen. Mit Zitronensaft beträufeln und servieren.

◆ FÜR 4 PORTIONEN ◆ | ✿ ZUBEREITUNGSZEIT: 45 MINUTEN ✿ VORBEREITUNGSZEIT: 30 MINUTEN

KIBBEH LABANEEYA

LAMMKIBBEH IN JOGHURTSOSSE

ZUTATEN

Für die Kruste:

350 g Hartweizengrieß oder extra feiner Bulgur
220 ml heißes Wasser, ca. 60 °C
350 g mageres Lammhackfleisch, am besten von der Schulter
1 TL Zimtpulver
1 TL arabisches Sieben-Gewürze-Pulver, selbstgemacht (Seite 208) oder aus dem Supermarkt
1 TL Rosenwasser
1 TL Kreuzkümmelsamen, geröstet, fein gemahlen
1½ TL Salz
½ EL Maisstärke

Für die Füllung:

3 EL Olivenöl
1 Zwiebel, klein geschnitten
300 g fettes Lammhackfleisch
1½ TL arabisches Sieben-Gewürze-Pulver, selbst gemacht (Seite 208) oder aus dem Supermarkt
1 EL Sumach
1 TL schwarzer Pfeffer, fein gemahlen
1 TL Salz
20 g frische Petersilie, Blätter und Stängel, fein geschnitten
30 g Pinienkerne

Dieses Rezept ergibt im Schnitt 14 Kibbeh, aber ehrlich gesagt, wenn ich mir schon die Mühe mache und Kibbeh zubereite, verdopple ich die Menge und friere die Hälfte ein. Die verwende ich dann zum Beispiel für Kibbeh't Hamoudt (Seite 133). Wie bei Kibbeh't Mosul (Seite 117) ist bei diesem Rezept wichtig, dass man für die Kruste mageres Fleisch nimmt. Traditionell bekommen diese Kibbeh die Form eines Torpedos, aber meiner Meinung nach verbessert das den Geschmack hier nicht. Die geschmeidige Reisbrei-Textur der Soße, die festere Kruste, in die man hineinbeißt, um an das würzige Lammfleisch zu kommen – hör mir auf! Von meiner Mutter sollte ich noch ausrichten, dass man den Joghurt auch hier am besten zwei Tage auf dem Schuppendach stehenlässt (Seite 100).

1. Für den Teig (Kruste) den Hartweizengrieß in einer Schüssel mit dem heißen Wasser vermischen. Mit einer Gabel umrühren, mit Plastikfolie abdecken und 30 Minuten stehen lassen.
2. Für die Füllung 3 EL Olivenöl bei mittlerer Hitze erwärmen und die Zwiebel darin 3 Minuten glasig anbraten. Das fettige Hackfleisch hinzugeben und 5 Minuten braten. Hackfleischklümpchen gegebenenfalls mit einem Spatel zerkleinern. Sieben-Gewürze-Pulver, Sumach, schwarzen Pfeffer, Salz, Petersilie und Pinienkerne in die Hackfleischmischung rühren.
3. Den nassen Grieß 2 Minuten gründlich durchkneten. Mageres Hackfleisch, Zimt, Sieben-Gewürze-Pulver, Rosenwasser, Kreuzkümmelsamen, Maisstärke und Salz hinzufügen und die Zutaten 5 Minuten gründlich hineinkneten, bis ein schöner, gut zu verarbeitender Teig entstanden ist. Wenn er nicht mehr an den eingefetteten Händen klebt und man ihn zu einer Kugel formen kann, die sich eindrücken lässt, ohne zu zerfallen, ist es so weit. Klebt der Teig zu stark an den Händen, noch 1 EL Grieß hinzufügen.

→

Für die Suppe:
1kg Ziegenjoghurt
500 ml kochendes Wasser
1½ EL getrocknete Minze
3 EL Reis, am besten rundkörnig
Salz nach Geschmack
1 EL Maisstärke
5 EL Olivenöl
8 Zweige Koriander, Blätter und Stängel, fein geschnitten
20 g Pinienkerne, geröstet

Zusätzlich benötigst du:
Frischhaltefolie

4. Ein Schälchen mit neutralem Öl bereitstellen. Die Hände damit einfetten. Etwa 80 g Teig abnehmen und zu einer Kugel rollen. Die Kugel zwischen Daumen und Zeigefinger der einen Hand halten. Mit dem Zeigefinger der anderen Hand die Mitte eindrücken und die Kugel aushöhlen. Die Kibbeh drehen und dabei die Ränder andrücken, sodass der Teig gleichmäßig dick ist. 1½ EL Füllung hineingeben. Zum Verschließen die Ränder zusammenkneifen, -drücken und -schieben, bis die Kibbeh außen glatt ist. Die fertige Kibbeh auf ein Stück Frischhaltefolie legen. Teig und Kibbeh mit einem Geschirrtuch abdecken, während der Rest verarbeitet wird, damit sie nicht austrocknen.
5. Für die Joghurtsoße in einem großen Topf Joghurt mit 500 ml kochendem Wasser, getrockneter Minze, Reis und Salz nach Geschmack vermischen. Maisstärke mit 3 EL kaltem Wasser verrühren und zur Joghurtsoße geben. Auf niedrige Stufe stellen und die Kibbeh mit einem Schöpflöffel vorsichtig in die Soße geben. Aufpassen, dass sie nicht aneinanderkleben; in einem großen Topf geht das einfacher. Mit einer Gabel vorsichtig an eventuell anklebenden Kibbeh entlangfahren. Die Kibbeh ohne Deckel in 40 Minuten gar kochen; zwischendurch ein paar Mal vorsichtig umrühren und über den Boden schaben. Die Suppe ist gar, wenn die Soße eine Konsistenz wie Eidotter hat.
6. In einer kleinen Bratpfanne 5 EL Olivenöl auf niedriger Stufe erhitzen. Koriander 2 Minuten darin braten. Kibbeh Labaneeya mit diesem Kräuteröl beträufeln und mit Pinienkernen garnieren. Warm, lauwarm oder kalt servieren.

FÜR 4 PORTIONEN · ZUBEREITUNGSZEIT: 50 MINUTEN · VORBEREITUNGSZEIT: 1 STUNDE UND 15 MINUTEN

KIBBEH'T HAMOUDT

SAURE HERBSTRÜBENSUPPE

Für diese Suppe nimmst du die Kibbeh aus dem Rezept für Kibbeh Labaneeya (Seite 131). Du kannst eine Portion eingefrorene Kibbeh verwenden oder sie frisch zubereiten. Nach dem Einfrieren kann es hin und wieder vorkommen, dass die Kibbeh ein wenig auseinanderfallen. Wenn du ganz sicher sein willst, dass das nicht passiert, erwärme sie 8 Minuten im Ofen bei 180 °C Ober-/Unterhitze (Umluft: 160 °C), dann trocknen sie etwas aus und bleiben stabiler. Achtung: Mangold ist vom Frühjahr bis in die Frostsaison hinein erhältlich. Ansonsten kannst du ihn durch Grünkohl ersetzen. Und falls du nirgends Herbstrüben bekommst, ersetzt du sie durch Kohlrabi.

ZUTATEN

5 EL Olivenöl
3 EL Tomatenmark
4 Knoblauchzehen, gepresst
1½ l kochendes Wasser
1 Würfel Lammfleischbrühe
2 TL getrocknete Minze
2 schwarze getrocknete Limetten (Noomi), halbiert, ohne Kerne
8 Lamm-Bulgur-Kibbeh oder Grießkibbeh (siehe Kibbeh Labaneeya, Seite 131, oder Kibbeh't Adom, Seite 128)
4 Herbstrüben
400 g Mangold oder Grünkohl
30 g frische Petersilie, Blätter und Stängel, fein geschnitten
schwarzer Pfeffer und Salz nach Geschmack
2 TL Maisstärke, in 2 EL kaltem Wasser aufgelöst
Saft von 1 Zitrone

1. In einem großen Topf das Olivenöl auf mittlerer Stufe erhitzen. Tomatenmark 3 Minuten darin anbraten, Knoblauch hinzufügen und 1 Minute mitbraten. 1½ l kochendes Wasser, Brühwürfel, getrocknete Minze und Noomi hinzugeben.
2. Die Hitze reduzieren und Kibbeh vorsichtig einzeln von einem Schöpflöffel in die Suppe gleiten lassen. Darauf achten, dass sie nicht aneinanderkleben; falls sie nicht komplett versinken, mehr Wasser hinzugeben. 20 Minuten ohne Deckel auf niedriger Stufe kochen lassen. Behutsam über den Topfboden schaben, sodass keine Kibbeh unten ansetzen.
3. Die Rüben vierteln, hinzufügen und 10 Minuten mitkochen. Mangoldstiele grob und Blätter fein schneiden und mit der Petersilie hinzugeben. Mit Pfeffer und Salz abschmecken. Die aufgelöste Stärke zugießen. Zitronensaft nach Geschmack hinzufügen; diese Suppe darf schön säuerlich schmecken. Einkochen, bis die gewünschte Konsistenz erreicht ist. Kibbeh in Schalen geben und die restliche Suppe darüber verteilen.

AUF DEM MARKT

FALAFEL • KEBAB • AROOGH • BURGER

SHAWARMA • SABICH • SAMOUN • KHUBZ AROOGH

ÜBER DEN MARKT

Fast überall auf der Welt gibt es auf der Straße das leckerste Essen. Für Bagdad, wo die Messlatte für Streetfood furchtbar hoch liegt, gilt das allemal. Der schönste Teil am Shoppen im Irak ist für mich das Auswählen des perfekten Essensstandes auf dem Markt. Je mehr Plastikstühle und Tische auf dem Weg stehen, desto köstlicher ist das Essen gemeinhin. Es ist im Irak eigentlich nicht so schick, als Frau auf der Straße gierig binnen vier Minuten ein Brötchen mit fettigem, soßigem Inhalt zu verschlingen, in der anderen Hand eine Flasche Bibsi (Cola auf Irakisch). Glücklicherweise siegt bei meiner Tante auf dem Marktplatz immer der Füttertrieb über die Scham, wenn ich mich mit genussvollem Stöhnen über mein zweites Leffet Kebab hermache.

In diesem Kapitel habe ich eine Auswahl von Rezepten zusammengestellt, die man im Irak im Allgemeinen sehr gut außer Haus findet. Ein irakischer Koch hat mir einmal erzählt, dass er, als er in Kerbela im Urlaub war, in ein Taxi stieg und bat, man möge ihn zum besten Kebabstand bringen: »So einer, bei dem die Fliegen auf den rohen Spießen sitzen«. Dann weißt du, dass du richtig bist. Das ist die Art Robustheit, die du von irakischem Streetfood erwarten kannst. In diesem Kapitel gibt's also keine eleganten, raffinierten Kibbeh oder sorgfältig in Balance gebrachte Marquat. Hoffentlich sind dies die Brötchen, denen du die unvermeidlichen Ambaflecken im T-Shirt verzeihst.

FÜR 500 G TEIG | ZUBEREITUNGSZEIT: 1 STUNDE

FALAFEL

FALAFEL AUS KICHERERBSEN UND DICKEN BOHNEN OHNE SCHNICKSCHNACK

ZUTATEN

250 g geschälte getrocknete dicke Bohnen, gewaschen, mindestens 12 Stunden in Wasser eingeweicht
250 g getrocknete Kichererbsen, gewaschen, mindestens 12 Stunden in Wasser eingeweicht
15 g frischer Koriander, Blätter grob gehackt
20 g frische Petersilie, Blätter grob gehackt
180 ml Wasser
½ EL Salz
1 EL Korianderpulver
2 TL Paprikapulver
1 EL Kreuzkümmelpulver
1 TL schwarzer Pfeffer, fein gemahlen
2 TL Zwiebelpulver
½ EL Knoblauchpulver
½ EL Currypulver
1 TL Backpulver
½ TL Backsoda (auch bekannt als Speisenatron)
1 EL Maisstärke plus etwas mehr, falls nötig
Öl zum Frittieren

Zusätzlich benötigst du:
Küchenmaschine, Falafelzange und dazu gehöriger Schöpflöffel (optional)

Wenn du im Irak Falafel im Brötchen bestellst, kannst du einen Plastikteller mit vier Abteilungen erwarten, darin allerlei Dips und Toppings. Falafel bildet die Basis deines Brötchens und ist mehr oder weniger überall gleich. Darin steckt etwas von dem Gedanken »never change a winning team«, daher findest du hier dieses Falafelrezept ohne Schnickschnack. Betrachte das Leffet Falafel als Transportmittel für diverse Toppings nach Wahl und denke dabei beispielsweise an frittierte Aubergine und/oder Blumenkohl, Zhoug (Seite 205), Makdous (Seite 46), Mama Ganoush (Seite 162) und/oder Noomi-Chutney (Seite 207). Für mich unverzichtbar sind Tarratour (Seite 197), Amba (Seite 192) und Torshi (Seite 195 und 198). Wenn du alles geben willst, mach frische Samoun (irakische rautenförmige Brötchen).

TIPP

Ich würde in eine Falafelzange investieren. Du kannst sie oft in orientalisch-nordafrikanischen Supermärkten finden, aber auch online. Besitzt du keine Zange, kannst du den Teig auch mit 2 Löffeln fest in Form drücken.

1. Das Einweichwasser von Kichererbsen und dicken Bohnen abgießen; beide unter kaltem fließendem Wasser abspülen. Mit grob gehacktem Koriandergrün und Petersilie sowie 180 ml kochendem Wasser in der Küchenmaschine zu einem zusammenhängenden Teig verarbeiten. Am leckersten schmeckt es, wenn Falafel eine gröbere Textur hat, es dürfen also durchaus noch Kichererbsen- und Dicke-Bohnen-Stücke im Teig sein. Solange die Struktur nur in Ordnung ist: Er muss etwas feucht aussehen, und wenn man ein Bällchen in den Händen ausdrückt, muss etwas Wasser herauskommen.

→

TIPPS

- Willst du den Teig ganz oder teilweise einfrieren, dann kannst du ihn am Ende von Schritt 1 in einen Gefrierbeutel umfüllen, flach drücken und am Abend vor der Verwendung auftauen.
- Es kann sein, dass das Falafelbällchen zerfällt, wenn du es in das Öl sinken lässt. Meistens ist dann der Teig zu nass oder zu grob gemahlen. Mach es dir in diesem Fall leichter, indem du ein paar EL Maisstärke oder Mehl zusätzlich in den Teig mischst und es erneut versuchst.
- Wenn du eine Weile mit dem Frittieren der Falafel beschäftigt bist, kann der Teig etwas austrocknen. Gib in diesem Fall einen Extraschuss Wasser hinzu.
- Für mehr Textur kannst du den Falafel, nachdem du den Teig geformt und in die Zange geklemmt hast, noch in Sesam dippen.

2. Den Teig nun zum Festwerden mindestens 30 Minuten in den Kühlschrank stellen. Diesen Schritt keinesfalls überspringen – je kälter der Teig, desto besser lassen sich Falafel danach braten. Dann Salz, Gewürze, Backpulver und Backsoda hinzufügen und gründlich in den Teig einarbeiten. Achtung: Sobald Backpulver und Backsoda im Teig sind, muss er am selben Tag verbacken werden!
3. Eine reichliche Menge Öl in einen (Frittier-)Topf auf 180 °C erhitzen. Den Hebel der Falafelpresse nach unten drücken, mit dem (dazugehörenden) Schieber oder einem Spatel etwas Teig aufnehmen und von oben nach unten, von der Seite aus, fest in die Form drücken. Wiederholen, bis die runde Form der Presse gefüllt ist. Andrücken und mit dem Zeigefinger ein Loch in die Mitte des Teigs drücken. Falafelpresse in den Topf mit Öl neigen und den Hebel loslassen; zugleich mit dem Schieber Falafel nach unten drücken. Das Öl um den Falafel herum muss schön sprudeln, dann ist die Temperatur in Ordnung. Nach 3 Minuten die Unterseite des Falafel kontrollieren. Falafel wenden, wenn er goldbraun und knusprig ist, und die andere Seite auf dieselbe Art und Weise frittieren. Nicht zu viele Falafel auf einmal in den Topf geben, weil das Öl dann abkühlt und die Falafel nicht schön gleichmäßig braun werden.

FÜR 4–6 PORTIONEN | ZUBEREITUNGSZEIT: 1 ½ STUNDEN

KEBAB

GEGRILLTES LAMMKEBAB

ZUTATEN

700 g Lammhackfleisch mit mindestens 35 % Fett
300 g Rinderhackfleisch
3 weiße Zwiebeln
2 EL Paniermehl
2 TL schwarzer Pfeffer, fein gemahlen
Salz nach Geschmack
4 Khubz Tanour (Seite 49) oder anderes Fladenbrot
4 Tomaten
2 rote Zwiebeln
4 grüne Peperoni (optional)
15 g frische Blattpetersilie, nur die Blätter
1–2 EL Sumach
1 Zitrone, geviertelt
Torshi, am besten rotes Torshi (Seite 195)

Zusätzlich benötigst du:
grobe Reibe, flache Metallspieße, Grill und Zubehör oder Grillpfanne

Meine Mutter ist nicht nur dafür bekannt, dass sie dem Holzkohlefeuer mit meinem alten Föhn Starthilfe gibt, sondern vor allem für ihr Kebab, das auf der Zunge zergeht. Auch hier wieder Irritation über meine Mutter – sie verteilt immer teures Lammfleisch an diverse Nachbarn, die ihrerseits Tiefkühlburger auf den Grill werfen. Oft musste ich mal wieder auf den letzten Drücker eine Flasche Cola holen (perfekt zum Kebab) und roch auf dem Rückweg schon zwei Straßen entfernt den Duft des Kebabs. Im Nachhinein verstand ich gut, dass die Nachbarn plötzlich anfingen, im Garten zu wurschteln oder auf andere Art und Weise versuchten, ihre Anwesenheit hörbar werden zu lassen, wenn meine Mutter wieder einmal Kebab zubereitete. Irakischer Kebab zeichnet sich dadurch aus, dass man »Liyah« hinzufügt, den Schwanz einer Schafsrasse mit Fettschwanz, zum Beispiel das Karakulschaf. Sie kann – im Gegensatz zu niederländischen Schafsrassen – unter extremen Wetterbedingungen leben. Für dieses Rezept ersetzt man Liyah durch ein Stück Lammfett. Hierfür bittet man den Metzger, ein schönes Stück Lammfleisch (wie Schulter) und ein Stück Fett (zum Beispiel aus der Bauchpartie) zusammen durch den Wolf zu drehen (nur ein Durchgang). Es ist wichtig, dass man besonders viel Fett im Fleisch sehen kann, es muss also auffallend weißer aussehen als das abgepackte Lammhackfleisch. Je weißer, desto besser. Wenn ich im Irak auswärts Kebab esse, brauche ich nach eineinhalb Spießen immer einen Powernap in einer nahegelegenen Moschee. Dann weiß man, dass das Kebab genügend Fett enthält, und das wünsche ich dir auch. Du brauchst aber richtig breite Metallspieße, sie leiten die Hitze und garen den Kebab von innen heraus. Man bekommt sie online oder im orientalisch-nordafrikanischen Supermarkt. Als Vorspeise zum Kebab kannst du eine kleine Portion Mungbohnensuppe (Seite 183) servieren, und Jajeek (Seite 188) ist eine perfekte Beilage.

→

TIPP

Wer zu Hause kocht und keinen Grill hat, kann Kebab auch in einer Grillpfanne zubereiten. Dann fehlt zwar das rauchige Aroma, aber man hat den Genuss von Sumach auf fettigem Lammfleisch, und das ist auch sehr lecker.

1. Eine grobe Reibe in ein Sieb legen und das Sieb auf eine Schüssel stellen. 2 weiße Zwiebeln reiben und die Flüssigkeit in der Schüssel auffangen. Aus den geriebenen Zwiebeln möglichst viel Flüssigkeit herausdrücken.
2. Lammhackfleisch mit Rinderhackfleisch, geriebener Zwiebel, Paniermehl, 2 TL fein gemahlenem Pfeffer und Salz nach Geschmack vermischen. Das Ganze zusammenkneten. Die Hackfleischmischung und die Schüssel mit dem Zwiebelsaft mindestens 20 Minuten kaltstellen, während der Grill angezündet wird.
3. Das Hackfleisch muss richtig kalt sein, damit es sich gut auf den Spieß aufbringen lässt. Etwas Hackfleischgemisch (ca. 100 g) abnehmen und um den Spieß herum andrücken. Die Finger in den kalten Zwiebelsaft oder eine Schüssel mit kaltem Wasser tunken und versuchen, Rippen in das Hackfleisch zu pressen; den Spieß umdrehen und auf der anderen Seite wiederholen. Es ist sehr wichtig, schnell zu arbeiten und nicht zu viel und zu lange am Fleisch herumzufingern, sonst wird es warm und fällt vom Spieß. Fertige Spieße auf ein Tablett legen, während der Rest vorbereitet wird.
4. Kebab auf einen gefetteten Grill legen. 10 Sekunden von einer Seite grillen und sofort wenden, sonst fällt das Hackfleisch ab. Garen und den Kebab ab und zu wenden, bis rote Grillstreifen zu sehen sind und das Fleisch noch saftig ist. Kebab zwischen zwei Fladenbrote klemmen und den Spieß herausziehen.
5. Tomaten, rote Zwiebeln und, falls gewünscht, grüne Peperoni aufspießen und auch auf den Grill legen. Sie sind gar, wenn sie innen weich und außen etwas angekohlt sind. Achtung: Die Zwiebel braucht etwas länger als der Rest.
6. Für die Rohkost die letzte weiße Zwiebel in dünne halbe Ringe schneiden. Petersilienblätter grob klein schneiden und mit den halben Zwiebelringen mischen. Eventuell mit einer Prise Sumach bestreuen.
7. Kebab mit Sumach bestreuen und mit Khubz Tanour (Seite 49), Zwiebel-Petersilie-Relish, dem gegrillten Gemüse, Torshi (Seite 195 und 198) und Zitronenspalten servieren. Ich lege das Brot direkt vor dem Servieren immer für ein paar Augenblicke auf den Grill, sodass es knusprig und warm wird.

FÜR 12 STÜCK | ZUBEREITUNGSZEIT: 45 MINUTEN

AROOGH

LAMMFRIKADELLEN

Momentan erlebe ich immer öfter Muslime, die im Ramadan eingeweichte Haferflocken und Acai-Bowls zum Frühstück essen. Sehr vernünftig, aber für mich besteht Sahur – die Mahlzeit im Ramadan, die man vor Sonnenaufgang isst – trotzdem aus Lammfrikadellen morgens um 4 Uhr. Mich bekommt man nachts nicht für eine Schale Haferflocken aus dem Bett. Ein Sortiment aus Frittiertem hingegen ... und dass man dies dann zubereitet, während man (in vor-netflixianischer Zeit) mitten in der Nacht den Fernseher einschaltet, in der Hoffnung, dass ein öffentlich-rechtlicher Sender läuft und kein Erwachsenenprogramm in voller Lautstärke. So nehme ich am liebsten jeden Bissen zu mir, als wäre es der letzte. Sex im Fernsehen war bei uns zu Hause generell unangenehm, erst recht und noch mehr, wenn die eigene Mutter während des heiligen Monats gerade dann zu Tür hereinkommt, wenn Callgirl 4 dich bittet, sie »Jetzt!« anzurufen. Aber gut. Also Aroogh, köstlich mit frittierten Auberginen, Samoun (Seite 154), frischen Kräutern und Amba (Seite 192). Die Reste kannst du am nächsten Tag mit verquirltem Ei zum Frühstück braten.

ZUTATEN

300 g Lammhackfleisch mit extra Fett (siehe Einleitung Seite 143)
2 Zwiebeln, klein geschnitten
30 g Petersilie, Blätter und Stängel, fein geschnitten
3 Tomaten, fein gewürfelt
1 EL Tomatenmark
5 EL (grober) Grieß
5 EL Weizenmehl Type 405
1 TL Backpulver
2 TL schwarze Pfefferkörner, fein gemahlen
2 TL Currypulver
2 TL Kurkumapulver
2 TL Paprikapulver
Öl zum Braten
frische Minze und Amba (Seite 192)

1. Alle Zutaten außer dem Öl in einer Schüssel miteinander vermengen. Alles zu einer zusammenhängenden Masse kneten.
2. Ein Teighäufchen in der Größe einer Mandarine abnehmen, zu einer Kugel rollen und mit den Händen zu einer Dicke von 2 cm flach drücken. Am besten schmeckt es, wenn man mit den Fingern Abdrücke in die Frikadellen macht und Rippen bildet.
3. In einer Bratpfanne so viel Öl auf mittlerer Stufe erhitzen, dass die Aroogh halb eingetaucht darin frittiert werden können. In ca. 5 Minuten pro Seite gar und braun braten. Auf Küchenpapier abtropfen lassen, während die restlichen Stücke gebraten werden.
4. Mit Minze und Amba servieren. Soll Brot damit gefüllt werden, kann man auch Tomate und gebratene Aubergine hinzugeben. Himmlisch, glaub mir!

FÜR 4 PORTIONEN | ZUBEREITUNGSZEIT: 30 MINUTEN | WARTEZEIT: 30 MINUTEN

BURGER

PFLANZLICHE BRATLINGE IM AROOGH-STIL

Diese Bratlinge sind geschmacklich mit den traditionellen Aroogh (Seite 146) vergleichbar. Allerdings nicht mit Fleisch, sondern gänzlich vegan. Du kannst sie pur mit Amba (Seite 192) oder Petersilien-Tarratour (Seite 197) essen, oder du baust diesen Burger mit der heiligen Dreieinigkeit des irakischen Geschmacks auf: Amba, gebratene Aubergine und frische Blattkräuter.

ZUTATEN

Für die Bratlinge:
200 g getrocknete rote Linsen
350 ml kochendes Wasser
30 g frische Petersilie, Blätter und Stängel, fein geschnitten
1 große Zwiebel, fein geschnitten
2 TL Koriandersamen, geröstet, fein gemahlen
2 TL Kreuzkümmelsamen, geröstet, fein gemahlen
1 TL Paprikapulver
2 TL Currypulver
1 TL gemahlene Kurkuma
1 TL Pfefferkörner, fein gemahlen
½ verquirltes Ei oder 1½ EL Aquafaba (Kochwasser von Kichererbsen oder Hülsenfrüchten)
6 EL Maisstärke
4 EL Grieß oder Paniermehl, mittelgrob
1 TL Backpulver

Für den Burger:
1 Aubergine
4 Brötchen
1 Tomate, in Scheiben geschnitten
ein paar Blätter Petersilie
Amba (Seite 192)

Öl zum Frittieren

1. Linsen mehrmals unter kaltem fließendem Wasser waschen, bis das Wasser allmählich klar wird, in einen Topf geben und kochendes Wasser zugießen. Die Linsen mit aufgelegtem Deckel kochen, bis sie zu Brei zerfallen sind; das dauert ca. 25 Minuten. Nach 20 Minuten prüfen, ob sie durchgegart sind und das Wasser eingekocht ist. Falls nicht, das Wasser ohne Deckel einkochen lassen. Dann die Linsen gut abkühlen lassen.
2. In der Zwischenzeit die Aubergine längs in lange, dünne Scheiben schneiden und diese 30 Minuten in eine Schüssel mit reichlich Wasser und 1 EL Salz legen. Danach die Scheiben ausdrücken, trockentupfen und in ca. 6 Minuten in 170 °C heißem Öl goldbraun frittieren. Auberginenscheiben nach der Hälfte der Zeit wenden. Auf Küchenpapier abtropfen lassen.
3. Linsengemisch zu einem festen, zusammenhängenden Teig kneten, der sich mit der Hand formen lässt. Petersilie, Zwiebel, Koriandersamen, Kreuzkümmelsamen, Paprikapulver, Currypulver, gemahlenen Pfeffer, Maisstärke, Backpulver und Salz nach Geschmack hinzufügen; eventuell auch etwas Maisstärke, falls der Teig sich zu nass anfühlt. Den Teig in 4 Kugeln aufteilen. Jede Kugel etwas flach drücken und zu einem Burger formen. Die Ränder mit nassen Fingern glattstreichen. 30 Minuten im Kühlschrank fest werden lassen.
4. Bratlinge einzeln in 170 °C heißem Öl goldbraun frittieren, ca. 2 Minuten pro Seite. Auf Küchenpapier abtropfen lassen.
5. Brötchen aufschneiden. Unterseiten mit je einem Bratling sowie etwas Tomate, Petersilie und Aubergine belegen. Oberseiten mit ein wenig Amba bestreichen und auflegen.

FÜR 4 STÜCK | ZUBEREITUNGSZEIT: 15 MINUTEN | WARTEZEIT: 25 MINUTEN

SHAWARMA

LEFFET AUS AUSTERNPILZEN

ZUTATEN

Für die Gewürzmischung:
5 Kardamomkapseln
1 TL Gewürznelken
1½ TL Pimentkörner
½ TL Koriandersamen
½ TL Kreuzkümmelsamen
1½ TL schwarze Pfefferkörner
1½ TL gemahlener Zimt
1 TL gemahlener Ingwer
1 TL gemahlene Kurkuma
1 TL Sumach

Für das Leffet-Shawarma:
500 g Austernpilze
Salz nach Geschmack
6–8 EL Olivenöl
3 Strauchtomaten
1 kleine Zwiebel, klein geschnitten
20 g frische Petersilie, Blätter und Stängel, fein geschnitten
4 Fladenbrote
1 kleines Schälchen Torshi (Seite 201), Flüssigkeit abgetropft

Zusätzlich benötigst du:
Mörser oder Kaffeemühle, Backpapier

Dies ist natürlich kein echtes Shawarma – nicht am Spieß zubereitet, ohne Fleisch. Trotzdem kommt diese Version dem Shawarma so, wie ich es aus der Levante kenne, näher als das, was im Allgemeinen hierzulande gegessen und serviert wird. Eisbergsalat und Whiskysoße? Was soll das denn!?
In der levantinischen Küche unterscheiden sich Hähnchen- und Rindfleisch-Shawarma erheblich voneinander, was das Würzen und Anrichten betrifft. Die Hähnchenvariante ist durch das Toum (Knoblauchdip) cremig, das Rindfleisch-Shawarma hingegen oft ohne Soße und recht nüchtern angerichtet. Letzteres ist mein Favorit, auch wegen der Gewürzmischung, bei der man Piment, Gewürznelke und Zimt recht deutlich herausschmeckt. Das kombiniert mit gegrillter Tomate und einem Relish aus Zwiebel und Petersilie schmeckt wahnsinnig gut. Diese Raffinesse entfaltet sich auch, wenn man das Rindfleisch durch Austernpilze ersetzt. Aus den Gewürzen im nachstehenden Rezept kannst du auch einfach einen Gewürzmischungsvorrat anlegen, indem du ein Vielfaches der Mengen verwendest.

1. Den Ofen auf 180 °C Ober-/Unterhitze (Umluft: 160 °C) vorheizen.
2. Eine kleine Bratpfanne ohne Öl auf mittlerer Stufe erhitzen. Unter regelmäßigem Umrühren darin Kardamom, Gewürznelken, Piment, Koriandersamen und Kreuzkümmelsamen rösten, bis die Gewürze allmählich anfangen, appetitlich zu duften. Schoten der Kardamomkapseln entfernen und Samen auffangen. Die gerösteten Gewürze mit den Pfefferkörnern im Mörser zerkleinern oder in der Kaffeemühle mahlen. Zimt, Ingwerpulver, Kurkuma und Sumach in den Mörser oder die Kaffeemühle dazugeben und alle Gewürze mischen.
3. Ein Backblech mit Backpapier auslegen. Austernpilze mit etwas Küchenpapier sauber wischen und in Streifen reißen. Mit schön viel Salz bestreuen, mit Olivenöl beträufeln und dieses gründlich einmassieren. Nun die Gewürzmischung ausgiebig in alle Pilzstücke einmassieren und die Pilze auf dem Backblech verteilen. Tomaten halbieren und dazulegen. Das Ganze auf der mittleren Schiene ca. 25 Minuten goldbraun und leicht knusprig rösten.

4. Für den Salat die geröstete Tomate fein schneiden und mit Zwiebel und Petersilie vermischen. Die Fladenbrote (Wraps) mit Austernpilzen, Salat und Torshi belegen. Ein Ende nach innen schlagen und fest aufrollen. Fladenbrote ca. 2 Minuten pro Seite in einer Pfanne ohne Öl auf mittlerer Stufe grillen. Dafür etwas Schweres (zum Beispiel einen Mörser) auf die Fladenbrote legen oder sie so andrücken, dass das Brot eine flache Rolle wird. Sofort servieren.

FÜR 4 STÜCK · ZUBEREITUNGSZEIT: 30 MINUTEN · WARTEZEIT: 30 MINUTEN

SABICH

DAS ULTIMATIVE AUBERGINENBRÖTCHEN

Sabich ist nicht unbedingt ein Gericht, mit dem ich groß geworden bin. Leffat, bzw. Brötchen mit gebratener Aubergine und Amba, hingegen schon. Wenn meine Mutter wieder einmal einen ganzen Nachmittag lang Auberginen für ein Gericht für die Nachbarn brät, schnappe ich mir immer ein paar Scheiben, wenn sie kurz weg ist, verstecke sie in einem Fladenbrot mit Minze und Amba und verschwinde mit dem Kopf im Kühlschrank, um es schnell zu verputzen. Es ist zum einen die unwiderstehliche Geschmackskombination, die mich dazu bringt, aber auch der Ärger darüber, dass meine Mutter sich wieder so enorm verausgabt für Nachbarn, die haargenau eine Fußleiste an unserer Wand befestigt hatten. Ihnen jenes bisschen Aubergine vorzuenthalten war also mein *Act of Rebellion.* Dieses Sabich-Brötchen ist die Luxusvariante meines ergaunerten Brötchens mit gebratenen Auberginen.

ZUTATEN

2 Auberginen
4 Eier
Öl zum Braten
4 Samoun (Seite 154) oder Pitabrote
4 EL Tarratour (Seite 197)
8 EL Amba (Seite 192)
ein paar Stängel Minze
8 EL Zhoug (Seite 205)
etwas Torshi (Seite 201)

1. Aubergine längs in ca. 1 cm dicke Streifen schneiden und diese in eine Schüssel mit reichlich Wasser und 1 EL Salz geben. Einen Teller mit etwas kleinerem Durchmesser als die Schüssel daraufstellen und beschweren, sodass die Auberginen richtig unter Wasser bleiben. 30 Minuten stehen lassen.
2. In der Zwischenzeit die Eier wachsweich kochen. Unter kaltem Wasser abschrecken, pellen und vierteln.
3. Eine ausreichende Menge Öl in einer Bratpfanne auf 170 °C erhitzen. Die Auberginenscheiben ausdrücken und in ca. 6 Minuten goldbraun braten. Nach der Hälfte der Zeit wenden. Auf Küchenpapier abtropfen lassen.
4. Samoun erwärmen oder Pitabrote fertigbacken und aufschneiden. Traditionell schneidet man Pitabrote nur an der Oberkante auf und füllt sie wie eine Art Briefumschlag, aber ich schneide das Brötchen weiter auf, weil es sich so einfacher füllen lässt. Auf je eine Hälfte der Brötchen Tarratour streichen und auf die andere Amba. Aubergine, Ei und Minze auf den Brötchen verteilen und etwas Zhoug und Torshi hinzugeben. Als Topping zusätzlich Tarratour und Amba hinzufügen. Sofort servieren, sodass es nicht durchweicht.

FÜR 10 STÜCK ✦ ZUBEREITUNGSZEIT: 1 STUNDE ✦ WARTEZEIT: 1 STUNDE UND 10 MINUTEN

SAMOUN

RAUTENFÖRMIGES PITABROT

ZUTATEN

42 g frische Backhefe
1 EL Zucker
650 ml lauwarmes Wasser
1 kg Weizenmehl Type 405 plus Mehl zum Bestäuben und zum Einstreichen
1 EL Salz

Zusätzlich benötigst du:
Frischhaltefolie, 2 saubere Geschirrtücher, Pizzastein (optional)

Im Irak unterscheidet man zwischen Khubz und Samoun. Khubz ist Fladenbrot und Samoun fällt unter das, was wir hier als Pitabrot kategorisieren. Samoun zu backen ist nicht schwierig. Traditionell wird es allerdings in einem Steinofen gebacken – und den hat nicht jeder zu Hause stehen. Glücklicherweise bekommt man fast denselben Effekt, wenn man den Ofen auf höchste Stufe stellt. Ein Pizzastein führt auch zum Ergebnis.

1. Hefe und Zucker in einer Schüssel mischen und 650 ml lauwarmes Wasser hinzugeben. Verrühren und 10 Minuten warten, sodass die Hefe aktiv werden kann.
2. In einer Schüssel Mehl und Salz mischen. Hefewasser hinzufügen und mit einem Spatel gründlich vermischen, bis das Wasser das gesamte Mehl aufgenommen hat. Mit Frischhaltefolie zudecken und auf einen Topf mit heißem Wasser stellen. Den Teig 45 Minuten gehen lassen.
3. Arbeitsfläche leicht bemehlen. Teig mit beiden Händen wie folgt bearbeiten: In der »Taille« hochheben und auf die Arbeitsfläche »werfen«, eine Vierteldrehung machen, wiederum mit beiden Händen hochnehmen und wieder auf die Arbeitsfläche werfen. Anschließend ca. 10 Minuten kneten – immer von sich wegdrücken und wieder zusammenlegen.
4. Den Teig zu einer Rolle formen, in 10 gleich große Stücke aufteilen, zu Kugeln kneten und auf eine mit Mehl bestäubte Arbeitsfläche legen. Die Fingerspitzen auf die Enden der Teigkugel drücken. Hin und her bewegen, als ob die Hände Flügel wären, sodass die Enden Spitzen bekommen und die Mitte dicker wird. Mit leichtem Druck der Fingerspitzen die Teigkugeln zu »Schiffchen« formen. Die Spitzen etwas langziehen und die dickere Mitte vorsichtig in die Breite tupfen und ziehen. Von der Form her muss es Ähnlichkeit mit einem Croissant haben. Den Teig auf ein bemehltes Geschirrtuch legen, mit einem zweiten bemehlten Geschirrtuch abdecken und 15 Minuten gehen lassen.

5. Den Ofen auf 230 °C Ober-/Unterhitze (Umluft: 210 °C) vorheizen.
6. An den Spitzen der Teiglinge ziehen, um das Brot in die charakteristische Samoun-Form zu bringen. Mit etwas Mehl bestäuben. Die Hände vorsichtig auf die Enden legen, ohne in der Mitte zu drücken, und den Teig nach außen dehnen; das Brot möglichst mit den Fingerspitzen dehnen, ohne zu viel Druck auszuüben. Den Teigling zur Hälfte drehen, das andere Ende ergreifen, Teigling auf der anderen Seite dehnen; auch die Enden, damit die charakteristische Rautenform der Samoun entsteht. Teig erneut 15 Minuten gehen lassen.
7. Nun 70 ml Wasser mit 4 EL Mehl vermischen. Teiglinge wenden und auf ein Schneidebrett legen. Mit etwas Mehlwasser bestreichen und in den Ofen geben. Sobald das Samoun oben goldbraun und luftig gebacken ist (ca. 3–5 Minuten), wenden und die andere Seite in ca. 1 Minute fertigbacken.

FÜR 8–12 STÜCK · ZUBEREITUNGSZEIT: 1 ½ STUNDEN · GEHZEIT: 50 MINUTEN

KHUBZ AROOGH

FLADENBROT MIT LAMMFLEISCH

Khubz, bzw. Fladenbrot, wird traditionell in einem Tannour oder Lehmofen gebacken. Charakteristisch sind die Luftbläschen, die beim Backen im Teig entstehen. Wo man das Basis-Khubz von Seite 49 in Kombination mit einem anderen Gericht verwendet, ist Khubz Aroogh ein eigenständiges Gericht. Iss es zum Beispiel mit etwas Amba (Seite 192), frischer Minze, Tomate und gebratener Aubergine oder tunke Labneh damit auf. Die abgekühlten Brote kannst du einfrieren. Bestreiche sie beim Aufwärmen mit etwas Wasser.

ZUTATEN

25 g frische Backhefe
1 EL Zucker
350 ml lauwarmes Wasser
600 g Weizenmehl Type 405 plus Mehl zum Bestäuben
½ EL gemahlene Kurkuma
3 TL schwarzer Pfeffer, fein gemahlen
½ EL Koriandersamen, geröstet, fein gemahlen
3 TL Kreuzkümmelsamen, geröstet, fein gemahlen
Salz nach Geschmack
1 Zwiebel, klein geschnitten
40 g frische Petersilie, Blätter und Stängel sehr fein geschnitten
3 Strauchtomaten, fein geschnitten
300 g Lammhackfleisch, mit extra viel Fett (siehe Einleitung Seite 143)
50 ml Olivenöl

Zusätzlich benötigst du:
Frischhaltefolie, 2 saubere Geschirrtücher, Teigrolle, Bratpfanne mit dickem Boden

1. Hefe und Zucker in einer Schüssel mischen und 350 ml lauwarmes Wasser hinzugeben. Verrühren und 15 Minuten warten, sodass die Hefe aktiv werden kann.
2. Mehl, Kurkuma, Pfeffer, Koriandersamen, Kreuzkümmelsamen und Salz nach Geschmack hinzugeben. Auch die Zwiebel, Petersilie und Tomate damit vermengen. Eine Arbeitsfläche leicht bemehlen, das Gemisch auf die Arbeitsfläche stürzen und alles zusammen zu einem festen Teig kneten, der nicht an den Händen klebt. Teig wieder in die Schüssel geben, mit Frischhaltefolie abdecken und an einem warmen Ort ca. 30 Minuten gehen lassen.
3. Den Teig auf die Arbeitsfläche legen und mit Hackfleisch, Olivenöl und noch etwas Salz vermengen. Kneten, bis das Hackfleisch gründlich in den Teig eingearbeitet ist. Ist der Teig zu trocken, ein wenig Wasser hinzugeben. Der Teig muss schön fettig sein, also gern mehr Olivenöl hinzugeben, falls das Hackfleisch nicht geschmeidig genug ist.
4. Den Teig zu einer Rolle formen und in 8–12 gleich große Stücke aufteilen. Zu Kugeln kneten und auf ein mit Mehl bestäubtes Geschirrtuch legen. Mit einem zweiten Geschirrtuch abdecken und 5 Minuten ruhen lassen.
5. Die Kugeln mit den Händen oder mit einer Teigrolle zu Fladenbroten mit ca. 24 cm Durchmesser ausrollen. Sie müssen nicht akkurat rund sein, und je dünner, desto leckerer. Es macht nichts, wenn hier und da ein Löchlein im Teig ist.
6. Eine Bratpfanne mit dickem Boden auf mittlerer Stufe erhitzen. Khubz Aroogh hineinlegen und mit einer Gabel Löcher einstechen. Khubz in ca. 2–3 Minuten pro Seite gar backen. Die fertigen Khubz Aroogh zwischen 2 Geschirrtücher legen, während der Rest gebacken wird.

DIPS UND CREMES ZUM BROT

HUMMUS BI TAHINA • MAMA GANOUSH

CHALGAM MASCHWIE • MERIJN TOLS LABNEH

BAJILLA BIL CHBINT • FATTOUSH • FREEKEH

KHUBZ ZA'ATAR • BEETINJAAN MASCHWIE

FÜR 4 PORTIONEN · ZUBEREITUNGSZEIT: 1 STUNDE · EINWEICHZEIT: 12 STUNDEN

HUMMUS BI TAHINA

HUMMUS

Ich muss ehrlich sagen: Es gab eine Zeit, da konnte ich das Wort Hummus nicht hören, geschweige denn welches essen. Das war eine Reaktion auf zahllose Äußerungen wie: »Hummus ist das neue Pesto« oder »Du kannst kein Hummus mehr sehen? Probiere mal Muhammara, das neue Hummus!« So benutzt man ein Gericht als pflanzliches Vehikel, damit man in den banalsten Zusammenhängen davon anfangen kann; von Schokoladenhummus bis Curryhummus und in allen Geschmacksrichtungen und Farben dazwischen. Das Grundrezept ist aber eben *nicht* zum Variieren gedacht. Dafür gibt es in Form der Toppings Spielraum. Kaufe vorzugsweise orientalische Kichererbsen, sie sind kleiner als die mexikanische Sorte. Nimm die kleinsten Kichererbsen, die du finden kannst, dann wird die Textur weicher. Köstlich mit warmem Samoun (Seite 154) und Zhoug (Seite 205).

ZUTATEN

250 g getrocknete Kichererbsen
2 EL Backpulver
2 TL Kreuzkümmelsamen, geröstet, fein gemahlen
5 Eiswürfel
4 EL frischer Zitronensaft
2 TL Salz oder nach Geschmack
200 g Tahin
2 Knoblauchzehen, gepresst oder gerieben
Zhoug (Seite 205, optional)
Za'atar (Seite 209, optional)
30 ml Olivenöl nativ extra

Zusätzlich benötigst du:
Küchenmaschine

1. Kichererbsen mindestens 12 Stunden in einer Schüssel mit der dreifachen Menge Wasser und 1 EL Backpulver einweichen.
2. Eingeweichte Kichererbsen in einem Sieb unter kaltem fließendem Wasser abspülen und in einem Topf mit 3 l Wasser zum Kochen bringen. Restliches Backpulver und ½ TL Kreuzkümmelsamen hinzugeben. Etwa 45 Minuten kochen, bis die Kichererbsen weich sind und die Hülsen aufsteigen. Während des Kochens Schaum und aufsteigende Hülsen abschöpfen und eventuell Kochwasser nachfüllen.
3. Nun 3 EL Kochflüssigkeit aus dem Topf nehmen und beiseitestellen. Kichererbsen abgießen und mit dem aufbewahrten Kochwasser in einer Küchenmaschine 3 Minuten auf mittlerer Stufe pürieren. Abkühlen lassen.
4. Küchenmaschine wieder auf mittlerer Stufe anstellen und Eiswürfel zum Kichererbsenpüree geben. Weitere 5 Minuten laufen lassen. Zitronensaft, Salz, restliche Kreuzkümmelsamen und Tahin hinzufügen und mindestens 5 Minuten laufen lassen oder bis man keine Körnchen mehr sieht. Immer je 1 EL eiskaltes Wasser hinzugeben, bis das Hummus die gewünschte Konsistenz hat. Bedenken, dass es noch fest wird. Kosten, ob Salz oder Zitronensaft fehlen.
5. Hummus mit einem Löffel auf einen Teller streichen. Eventuell eine Vertiefung in die Mitte drücken und das Zhoug hineingeben. Eventuell mit Za'atar bestreuen. Das Olivenöl darübergießen.

FÜR 4 PORTIONEN | ZUBEREITUNGSZEIT: 20 MINUTEN

MAMA GANOUSH

DIP AUS GEGRILLTER ZUCCHINI

Dieser Dip ist der Lady-Toast des levantinischen Dip-Arsenals. Wo das Baba Ganoush schon hoch gelobt wird, ist auch die weibliche Variante es wert, dass man sie aufdippt. Dieses Rezept ist auch gleich eine Ode an meine Mama, deswegen nenne ich es »Mama Ganoush«. Wie schon gesagt, herrscht alljährlich Terror rund um die Zucchinisaison und wir bekommen dieses Gemüse auch als Dip vorgesetzt. Meine Mutter hat ihre eigene Version mit Walnüssen, und dieses Rezept ist davon inspiriert.

ZUTATEN

1 Zucchino
6 EL Olivenöl plus Öl zum Beträufeln
Saft von ½ Zitrone
75 g Tahin
100 g griechischer Joghurt
2 TL Kreuzkümmelsamen, geröstet, fein gemahlen
2 Knoblauchzehen, gepresst
1 TL Aleppo-Chiliflocken plus Chiliflocken zum Garnieren
75 g geschälte Walnüsse, fein gehackt
15 g Minzeblätter

1. Den Grill im Ofen vorheizen.
2. Zucchino längs vierteln und die Schnittkanten mit Olivenöl bestreichen. Zucchinistücke auf ein mit Backpapier ausgelegtes Backblech legen und 12 Minuten pro Schnittkante unter dem Grill rösten. Sie sind gar, wenn sie schöne Grillflecken aufweisen und beim Eindrücken Flüssigkeit austritt.
3. Den gerösteten Zucchino sehr fein schneiden und mit Zitronensaft und Tahin vermischen. Joghurt, Kreuzkümmelsamen, Knoblauch, Aleppo-Chiliflocken und Walnüsse hineinrühren. Mama Ganoush auf einen tiefen Teller streichen. Minzeblätter darauf verteilen. Etwas Olivenöl und Extra-Chiliflocken daraufgeben.

FÜR 4 PORTIONEN · ZUBEREITUNGSZEIT: 25 MINUTEN · EINWEICHZEIT: 8 STUNDEN

CHALGAM MASCHWIE

GERÖSTETE HERBSTRÜBEN

Ich bin ganz versessen aufs Gemüserösten. Man packt etwas mit Olivenöl in Alufolie, legt es in den Ofen oder auf den Grill, geht seiner Wege, und wenn man zurückkommt, ist etwas herrlich Süßes entstanden. Ich hoffe, dass ich auf diese Weise bei dir die Liebe zur Herbstrübe entfachen kann. Dieses vergessene Gemüse verwenden wir häufig in Torshi und Eintopfgerichten, aber geröstet schmeckt es auch sehr gut. Eine gute Herbstrübe fühlt sich fest an, achte also beim Kauf darauf.

ZUTATEN

3 Herbstrüben, geschält
70 ml Olivenöl plus Öl zum Beträufeln
2 TL schwarzer Pfeffer, grob gemahlen
Salz nach Geschmack
3 Knoblauchzehen, gepresst
2 EL Biber salçasi (Seite 11)
1 schwarze getrocknete Limette, fein geschnitten
7 Stängel frischer Kerbel oder Estragon
50 g Pistazien, geschält, geröstet

Zusätzlich benötigst du:
Backpapier

1. Den Ofen auf 180 °C Ober-/Unterhitze (Umluft: 160 °C) vorheizen.
2. Herbstrübe in 1 cm dicke Scheiben schneiden. Die Scheiben auf beiden Seiten mit 50 ml Olivenöl einreiben und auf einem mit Backpapier ausgelegten Backblech verteilen. In 15 Minuten auf der mittleren Schiene bissfest garen. Nach der Hälfte der Zeit wenden. Ofentemperatur auf 230 °C Ober-/Unterhitze (Umluft: 210 °C) erhöhen und weitere 8 Minuten backen.
3. Restliche 20 ml Öl in einem Stieltopf erhitzen. Knoblauch 10 Sekunden anbraten, Biber salçasi hinzugeben und 1 Minute braten. Getrocknete Limette und 50 ml Wasser zugeben sowie Salz nach Geschmack.
4. Herbstrübe in einer großen Schale ausbreiten. Soße darüber verteilen und mit Olivenöl beträufeln. Kerbelblätter abzupfen, Pistazien grob hacken und die Herbstrüben damit garnieren. Warm servieren.

FÜR 4–6 PORTIONEN · ZUBEREITUNGSZEIT: 30 MINUTEN · WARTEZEIT: 5 STUNDEN

MERIJN TOLS LABNEH

LABNEH MIT IRAKISCHEM MAKE-UP

ZUTATEN

1 kg griechischer Joghurt
½–1 EL Salz
3 lange türkische Auberginen
80 ml Olivenöl
1 Ochsenherztomate oder andere aromatische Tomate
50 g geschälte Pistazien
½ EL Koriandersamen

Für das Amba-Dill-Öl:
2 TL Ambapulver (dafür nur die trockenen Zutaten aus dem Amba-Rezept (Seite 192) im selben Verhältnis zu einem Pulver mischen)
abgeriebene Schale von ½ Orange
½ Knoblauchzehe, gepresst
80 ml schmackhaftes Olivenöl plus Öl zum Beträufeln (optional)
Salz nach Geschmack
½ Bund Dill

Zusätzlich benötigst du:
sauberes Geschirrtuch, Mörser

Merijn Tol: Die blonde Schönheit sieht aus wie die niederländische Meryl Streep, aber wenn ich mit ihr rede, fühlt es sich an wie die arabische Tante, von der ich nicht wusste, dass ich sie brauchte. Merijn war bei unserer ersten Begegnung Kreativchefin einer Initiative der Refugee Company in Zusammenarbeit mit dem ehemaligen Aufnahmezentrum für Asylsuchende »Bijlmerbajes«. Ich war damals wirklich ein Küken in der kulinarischen Welt, sie aber glaubte an mich und an Noomi Basra und nahm mein Getränk noch in derselben Woche in die Karte auf. Ihr Wissen über die mediterrane Küche ist genauso groß wie ihr warmes Herz, und ich nutze dieses Wissen regelmäßig begierig und dankbar. Merijn ist mindestens so verrückt nach Labneh wie ich und deswegen bat ich sie, ein Rezept für mich zu kreieren. Es ist eine Version mit Toppings geworden, die die Geschmacksrichtungen des Iraks zusammenbringen. Mit dem Öl, das sie mit Ambapulver (Seite 192) angesetzt hat, wird es das köstlichste Labneh, das ich je gegessen habe.

1. Ein Sieb mit einem sauberen Geschirrtuch auskleiden und den Joghurt hineinschöpfen. Salz hineinmischen und 5 Stunden abtropfen lassen.
2. Die Auberginen in lange Spalten schneiden. Lange türkische Auberginen waren nicht zu finden? Kein Problem: »Normale« sind auch gut, man muss sie aber in wirklich dünne Spalten schneiden. Mit etwas Salz bestreuen und anschließend trockentupfen. Olivenöl in einer Pfanne erhitzen und die Auberginenspalten von beiden Seiten sehr goldbraun und weich braten. Mit etwas Salz bestreuen. Tomate in kleine Würfel schneiden. Pistazien rösten und grob hacken. Koriandersamen kurz im Mörser zerdrücken.

3. Für das Ambaöl das Ambapulver, Orangenschale und Knoblauch mit der Hälfte des Olivenöls mischen; mit Salz abschmecken. Für das Dillöl den Dill grob schneiden und in einem Mörser mit dem restlichen Olivenöl und etwas Salz fein pürieren.
4. Das Labneh auf eine große Platte schöpfen und schön verstreichen. Die Auberginen kreuz und quer darauflegen. Gewürfelte Tomate darüberstreuen. Mit Ambaöl und Dillöl beträufeln. Pistazien darübergeben und eventuell noch etwas köstliches Olivenöl.

FÜR 4 PORTIONEN · ZUBEREITUNGSZEIT: 25 MINUTEN · WARTEZEIT: 1 STUNDE

BAJILLA BIL CHBINT

DICKE-BOHNEN-DILL-DIP

Bajilla, oder dicke Bohnen, sind im Juli und August frisch erhältlich. Man isst sie dann mit Hülse, einfach gekocht und mit etwas Olivenöl, Zitronensaft und Meersalz beträufelt. Auch auf dem Boden des Dolmatopfs kommen sie sehr gelegen, dann ziehen diese Gemüsesäfte in die Hülsen und alle Zutaten im Topf werden Freunde. Für dieses Rezept braucht man geschälte dicke Bohnen, also die reinen Bohnenkerne. Wenn du nicht die Sommer meiner Jugend erleben willst, in denen ich 50 Kilo dicke Bohnen von Schoten und Hülsen befreien musste, kannst du auch einfach in der Tiefkühlabteilung der orientalisch-nordafrikanischen Supermärkte küchenfertige geschälte Bohnen finden.

ZUTATEN

6 EL Olivenöl
400 g geschälte dicke Bohnen
75 ml kochendes Wasser
4 Knoblauchzehen
15 g eingelegte grüne Pfefferkörner
Saft von 1 Zitrone
1 Avocado, geschält, ohne Kern
5 Eiswürfel
50 g gestiftelte Mandeln oder Kürbiskerne
Salz nach Geschmack
2 EL getrockneter Dill
6 Stängel frischer Dill

Zusätzlich benötigst du:
Küchenmaschine

1. In einer Bratpfanne 3 EL Olivenöl auf mittlerer Stufe erhitzen. Dicke Bohnen darin 5 Minuten braten. Einen gehäuften EL Bohnen entnehmen und beiseitestellen. 75 ml kochendes Wasser in die Pfanne geben und alles nochmals 5 Minuten schmoren. Die dicken Bohnen vollständig erkalten lassen.
2. Knoblauch, eingelegte Pfefferkörner und Zitronensaft in der Küchenmaschine zu einem geschmeidigen Brei pürieren. Avocado hinzufügen und zu einem glatten Dip verarbeiten. Die dicken Bohnen und die Eiswürfel hinzugeben und ca. 10 Minuten lang zu einem möglichst glatten Dip verarbeiten. Mit Salz abschmecken.
3. Restliches Olivenöl auf mittlerer Stufe erhitzen und Mandelstifte oder Kürbiskerne in ca. 3 Minuten knusprig anbraten. Den getrockneten Dill unterrühren.
4. Dip auf einen großen Teller streichen und mit dem Löffelrücken »Schneisen« hineindrücken. Kürbiskerne darauf verteilen und mit frischem Dill und den beiseitegestellten Bohnen garnieren. Kalt servieren.

FÜR 4 PORTIONEN · ZUBEREITUNGSZEIT: 20 MINUTEN

FATTOUSH

LEVANTINISCHER BROTSALAT

Fattoush kommt von dem Wort Fattat, also Krümel, und dieses Gericht ist genau wie Fatteh einst aus altem Brot entstanden. Ich verwende libanesisches Fladenbrot, weil es so herrlich knusprig wird. Wenn du eher etwas in Richtung Croûton haben willst, kannst du altes Samoun (Seite 154) oder Pitabrot verwenden. Vergiss nicht, das Gemüse nach dem Waschen gründlich zu trocknen, sonst hast du einen matschigen Salat. Was Dressing, Salatblätter und Brot betrifft, ist dieser Salat ziemlich flexibel, variiere also mit rohem Gemüse deiner Wahl. Im Sommer ist Posteleinsaison – versprich mir, dass du dann Fattoush mit dem Salatkraut Postelein zubereitest. Ich meine: Fünf saure Zutaten in einem einzigen Gericht, was will man mehr?

ZUTATEN

Za'atar-Fladenbrotchips (Seite 174)
1 großer Kopf Romanasalat
1 Bund Radieschen
4 Mini-Salatgurken
300 g aromatische Tomaten
3 Frühlingszwiebeln
½ eingelegte Zitrone, fein geschnitten
6 EL Olivenöl
Saft von 1 Zitrone, oder etwas weniger, wenn du nicht gern sehr sauer isst
1 Knoblauchzehe, gepresst
2 TL Sumach
3 EL Granatapfelsirup
2 TL getrocknete Minze
30 g frische Petersilie, Blätter
20 g frische Minze, Blätter
Granatapfelkerne zum Garnieren

1. Fladenbrotchips zubereiten und in kleinere Stücke brechen.
2. Salatblätter grob in Stücke reißen, Radieschen halbieren, die Gurkenschale bahnenweise abwechselnd abziehen und stehen lassen und die Gurken grob in Stücke schneiden. Die Tomaten in Spalten und die Frühlingszwiebeln in ca. 3 cm lange Stücke schneiden.
3. Für das Dressing eingelegte Zitrone, Olivenöl, Zitronensaft, Knoblauch, Sumach, Granatapfelsirup und getrocknete Minze in einem Schälchen gründlich vermischen.
4. Nun Salatblätter in 4 Schälchen füllen und Radieschen, Salatgurke und Tomate dazugeben. Frühlingszwiebel, Petersilien- und Minzeblätter darauf verteilen. An den Rand der Schälchen ein paar Brotchips legen und das Dressing über dem Fattoush verteilen. Mit Granatapfelkernen garnieren.

FÜR 4 PORTIONEN | ZUBEREITUNGSZEIT: 40 MINUTEN | EINWEICHZEIT: 15 MINUTEN

FREEKEH

SALAT AUS JUNGEM WEIZEN

Freekeh ist ein Getreideprodukt aus jungem Weizen. Geschälter Weizen entsteht, indem man ihn röstet und anschließend poliert. Freekeh schmeckt rauchig und nussig. Du bekommst ihn ganz oder geschrotet im Supermarkt. Manchmal sind kleine Steinchen zwischen den Körnern, es ist also sinnvoll, den Freekeh zuerst auf einem Teller oder einem Tablett gründlich durchzusehen. Bei der Kochzeit kommt es darauf an, ob man ganzen oder geschroteten Freekeh kauft und wie lange er einweicht.

ZUTATEN

300 g Freekeh, gründlich auf Steinchen inspiziert
2 EL Olivenöl
750 ml kochendes Wasser
Salz nach Geschmack
150 g schwarze Oliven, ohne Kerne
150 g orangefarbene Paprikaschote
100 g Essiggurken (Abtropfgewicht)
100 ml Olivenöl
Saft von 1–2 Zitronen
1 EL Paprikapulver
2 TL Kreuzkümmelpulver
40 g frische Petersilie, Blätter und Stängel, fein geschnitten

1. Freekeh mehrmals unter lauwarmem fließendem Wasser waschen, bis das Wasser so gut wie klar ist. Er gibt eine grünliche Farbe ab, dann sieht das Wasser zwar noch schmutzig aus – es ist aber nicht so. 15 Minuten in lauwarmem Wasser einweichen.
2. Olivenöl in einem Topf auf mittlerer Stufe erhitzen. Freekeh darin 3 Minuten anbraten; regelmäßig wenden. 750 ml kochendes Wasser zugießen und das Ganze zum Kochen bringen. Salz nach Geschmack einrühren. Hitze verringern und in 20–40 Minuten gar kochen lassen. Wie lange es genau dauert, bis Freekeh gar ist, ist je nach Marke und Mahlgrad unterschiedlich; auf der Verpackung nachschauen oder zwischendurch kosten. Vom Herd nehmen und den Freekeh noch 10 Minuten dämpfen lassen. Die Körner mit einer Gabel auflockern. Idealerweise abkühlen lassen, er kann aber auch lauwarm gegessen werden.
3. In der Zwischenzeit die Oliven in Ringe und Paprika und Essiggurken in ½ Zentimeter große Würfel schneiden.
4. Für das Dressing Olivenöl mit dem Saft von 1 Zitrone, Paprikapulver, Kreuzkümmelpulver und gut 1 TL Salz mischen.
5. Freekeh mit Oliven, Petersilie, Paprika und Essiggurken vermengen. Mit Dressing übergießen. Kosten, ob der Salat sauer genug ist, und nach Geschmack weiteren Zitronensaft hinzugeben.

FÜR 4 PORTIONEN · ZUBEREITUNGSZEIT: 20 MINUTEN · GARZEIT: 30 MINUTEN

KHUBZ ZA'ATAR

ZA'ATAR-FLADENBROTCHIPS

Die Rezeptur für diese Brotchips ist kein Hexenwerk, sie sind aber schon wichtig, weil man sie zu Dips und Fattoush vielfach verwenden wird. Meine Mutter macht die besten, denn sie pfeift bei der Verwendung von Olivenöl darauf, was die Norm ist. Meiner Mutter sind Normen sowieso völlig egal – vor allem, wenn sie einen ganzen Beutel geriebenen Käse in ihre Version von »holländischem Eintopf« schüttet, aber das ist eine andere Geschichte. Ich habe 100 ml Öl angegeben, du kannst aber auch mehr nehmen. Der Punkt ist, dass du das Fladenbrot mit Olivenöl tränkst und es dann knusprig ausbackst. Du darfst auch weniger Öl nehmen, dann schmecken sie aber mehr nach diesen Light-Chips-Varianten, die als »fettreduziert« bezeichnet werden.

ZUTATEN

3 libanesische Fladenbrote
100 ml Olivenöl
4 EL grünes Za'atar, selbst gemacht (Seite 209) oder Supermarkt

Zusätzlich benötigst du:
Backpapier

1. Fladenbrot in 4 cm dicke Streifen schneiden. Ober-/Unterseite trennen. Gründlich mit dem Olivenöl einreiben.
2. Den Ofen auf 190 °C Ober-/Unterhitze (Umluft: 170 °C) vorheizen. Brot portionsweise rösten; die Portionen richten sich nach der Größe des Ofens.
3. Brotchips auf ein mit Backpapier ausgelegtes Backblech legen. Die Oberseite des Brotes mit Za'atar bestreuen.
4. Brot auf der mittleren Schiene ca. 6–10 Minuten goldbraun und knusprig rösten. Nach der Hälfte der Zeit wenden. Wie schnell die Chips goldbraun sind, hängt auch davon ab, wie viel Olivenöl man verwendet, also die Röstintensität im Auge behalten. Köstlich, um Bohnen-Dill-Dip (Seite 167) oder Zhoug (Seite 205) aufzunehmen.

BEETINJAAN MASCHWIE

GERÄUCHERTE AUBERGINEN

Kurz nach unserer Ankunft in den Niederlanden lebten wir in einer Wohnung, in der wir regelmäßig verbotenerweise auf dem Balkon grillten. Natürlich reckte unser betagter Nachbar jedes Mal neugierig den Kopf über seinen Balkon hinaus und erwischte meine Mutter dann ohne Kopftuch mit Spießen in der Hand. Sie entwickelte die Angewohnheit, unter den Nachbarn Kostproben zu verteilen, damit sie keine Probleme bekam – eine Angewohnheit, die 20 Jahre später (und mittlerweile mit Garten) immer noch in Kraft ist. Man muss nicht unbedingt den Grill anschmeißen, um bei diesen geräucherten Auberginen den Rauchgeschmack hinzubekommen. Man kann sie mit einem Flambierbrenner rösten, bis sie von allen Seiten schwarz aussehen. Ein Superding für diesen Zweck ist auch der Wundergrill, den man bei Esther's Cookery kaufen kann: eine Grillplatte, die auf die Gasflamme aufgesetzt wird. Man kann problemlos fünf Auberginen gleichzeitig darauf schwärzen.

ZUTATEN

4 Auberginen
8 EL Olivenöl
½ EL Mabooch (Seite 202)
15 g frisches Basilikum
½ Bio-Orange, Schale gewaschen und abgerieben, Saft ausgepresst
50 g Tahin
30 g Pinienkerne, geröstet

1. Die Auberginen an eine Gasflamme auf mittlerer Stufe halten und schwärzen. Nimm eine Zange, um sie ständig zu wenden, sodass die Schale auf allen Seiten verbrennt. Die Aubergine ist gar, wenn die Schale aussieht wie Kohle und beim Eindrücken Saft austritt. Auberginen in eine Schüssel legen und 10 Minuten mit Frischhaltefolie abdecken, sodass sie schwitzen.
2. Mabooch mit dem Olivenöl verdünnen, sodass Chiliöl entsteht. Tahin mit Orangenschale und -saft vermischen. Eine Prise Salz zugeben.
3. Vorsichtig die Schale von den Auberginen ziehen, den Stielansatz aber dran lassen. Die Auberginen auf einen großen Teller legen und vom Stielansatz aus das Fruchtfleisch einschneiden und ausbreiten. Mit Chiliöl und Tahindressing beträufeln und Basilikum darauf verteilen. Mit Pinienkernen garnieren und etwas grobes Meersalz darüberstreuen.

SUPPEN

HAREESSA • ASH RESHTEH • SHORBAT MASH

ESTHERS TAHINSUPPE • SHORBAT CHOVAN • JAJEEK

FÜR 4–6 PORTIONEN · ZUBEREITUNGSZEIT: 2 STUNDEN · EINWEICHZEIT: 12 STUNDEN

HAREESSA

GRÜTZE MIT LAMM

Hareessa ist wieder eines der Gerichte, mit dem der Irak zeigt, dass er es einfach drauf hat. Ich verstehe eigentlich nicht, wie man aus ein bisschen Lammfleisch, Getreide, Wasser und Lorbeerblättern etwas so Köstliches zubereiten kann. Achte bei dieser Suppe auf ein paar Dinge: Nimm dir beim Kochen die Zeit, den aufsteigenden Schaum abzuschöpfen. Nimm Perlgrütze – nicht zu verwechseln mit Perlgerste. Traditionell lässt man diese Grütze sehr lange kochen, wobei man idealerweise jemanden im Haus ab und zu umrühren lässt und zum »Babysitter« für den Topf macht. Ich persönlich mag es, wenn man diese Grützetextur noch spürt und püriere die Suppe daher nicht, auch wenn das manchmal noch gemacht wird. Die weiche Textur entsteht durch Liebe und Rühren, vor allem durch Rühren. Dieses Rezept schmeckt für sich genommen gut, kann aber auch als Basis für Toppings nach Wahl betrachtet werden. Denk an geröstetes Gemüse, übrig gebliebene Kräuter, die noch im Kühlschrank liegen, Nüsse, herzhafte Granolas und so weiter.

ZUTATEN

500 g Lammschulter mit Knochen, in ca. 4 × 4 cm große Stücke geschnitten
3 Lorbeerblätter
400 g Perlgrütze, gründlich gewaschen und mindestens 12 Stunden in Wasser eingeweicht
1 TL Salz
4 EL Ghee plus 2 EL zum Braten
2 Zwiebeln, in halbe Ringe geschnitten
1–2 TL Zimt
2 EL Zucker (optional)
1 EL Mabooch (Seite 202) (optional)
ein paar frische Sellerieblätter, grob in Stücke gezupft (optional)

1. Einen Topf mit 1,2 l Wasser füllen und Lammfleisch und Lorbeerblätter hineingeben. Auf mittlerer Stufe zum Kochen bringen. Den weißen Schaum, der nach oben steigt, abschöpfen.
2. Perlgrütze zugeben und alles erneut zum Kochen bringen. Hitze reduzieren und Hareessa in 1½ Stunden gar kochen. Regelmäßig umrühren, um eine cremige Textur zu bekommen.
3. Nun 1 TL Salz zugeben, 5 Minuten umrühren und dabei immer etwas Grütze an der Topfwand platt drücken.
4. Die Knochenstückchen, die vom Fleisch abgefallen sind, aus dem Brei fischen. Auch sehr große Fleischstücke entnehmen, mit 2 Gabeln zerteilen und wieder in den Topf geben. Eventuell etwas kochendes Wasser zugießen, falls die Konsistenz zu dick ist.
5. In einer Bratpfanne 2 EL Ghee auf hoher Stufe erhitzen. Hierin portionsweise die Zwiebel braten, bis sie etwas geschwärzt ist. Sie muss nicht kross werden, es geht vor allem darum, dass sie etwas anbrennt. Die geschwärzte Zwiebel aus der Pfanne nehmen und beiseitestellen. Restliches Ghee 3 Minuten auf mittlerer Stufe erhitzen.
6. Hareessa in eine Schüssel geben. Mit etwas gebratener Zwiebel, einem Wirbel aus heißem Ghee und einer Prise Zimt garnieren. Für eine eher süße Suppe kann man etwas Zucker und extra Zimt aufstreuen; ansonsten mit Mabooch und eventuell ein paar zerzupften Sellerieblättern bestreut servieren.

FÜR 4–6 PORTIONEN · ZUBEREITUNGSZEIT: 2 ½ STUNDEN

ASH RESHTEH

GEHALTVOLLE WINTERSUPPE

ZUTATEN

100 g getrocknete rote Kidneybohnen, gewaschen und mindestens 12 Stunden in Wasser eingeweicht
100 g getrocknete Kichererbsen, gewaschen und mindestens 12 Stunden in Wasser eingeweicht
100 g getrocknete Schwarzaugenbohnen, gewaschen und mindestens 3 Stunden in Wasser eingeweicht
90 ml Olivenöl
4 weiße Zwiebeln, klein geschnitten
1 große Stange Lauch, fein geschnitten
8 Frühlingszwiebeln, fein geschnitten
40 g frische Petersilie, grob geschnitten
40 g frischer Koriander, grob geschnitten
60 g frischer Dill, Blätter und Stängel, fein geschnitten

Ich schwöre auf diese Suppe und ihre Heilkräfte. Ursprünglich ist es eine persische Suppe, die zum Neujahrs- und Altjahresfest Nouruz gegessen wird. Ich habe extra für dich, mein Schätzchen, eine vegane Version entwickelt, damit alle sie genießen können. Man kann Hülsenfrüchte aller Art verwenden – variiere damit ganz besonders, solange nur insgesamt rund 400 g (getrocknete) Hülsenfrüchte verwendet werden. Traditionell serviert man auch ein Topping aus gebratenen Zwiebeln und Kashk dazu; das ist ein getrockneter Joghurt, aufgelöst in etwas Wasser. Man findet ihn in iranischen und irakischen Supermärkten, kann ihn aber auch durch ein wenig Labneh (Seite 164) oder pflanzlichen Joghurt ersetzen.

Wie lange es exakt dauert, die Suppe zu kochen, hängt davon ab, wie alt die Bohnen sind, wie lange du sie eingeweicht und welche Sorte du verarbeitet hast. Eingeweichte Linsen und Mungbohnen garen in der Suppe selbst recht schnell, aber du gibst erst alles zusammen, wenn große Bohnen wie die Kidneybohnen fast gar sind, denn sonst kann es sein, dass der Rest völlig zerkocht ist, wenn die großen Bohnen weich sind.

1. Zu Anfang die Bohnen fast gar kochen. Als Erstes die Kidneybohnen aufsetzen – sie brauchen am längsten. Auf niedriger Stufe in nicht zu viel Wasser (ohne Salz!) ca. 1 ½ Stunden kochen. Nach 45 Minuten Kichererbsen und Schwarzaugenbohnen hinzufügen. Gut kontrollieren, ob die Bohnen weich geworden sind. Anschließend in ein Sieb abgießen.

→

10 Knoblauchzehen
4 EL getrockneter Dill
1 EL Koriandersamen, geröstet, fein gemahlen
2 TL gemahlene Kurkuma
3 TL schwarzer Pfeffer, fein gemahlen, plus Pfeffer nach Geschmack
2 EL Instant-Gemüsebrühe
100 g getrocknete Mungbohnen, gewaschen und mindestens 3 Stunden in Wasser eingeweicht
Salz nach Geschmack
75 g Linguine oder Reshteh (persische Nudeln aus Hartweizengrieß)
600 g Spinat, frisch oder tiefgefroren, grob geschnitten
3 EL Haferflocken
4 EL getrocknete Minze

TIPP

Man kann auch Bohnen aus der Dose verwenden. Verdopple dazu die Gewichtsangaben für die getrocknete Sorte und beginne mit Schritt 2.

2. Nun 40 ml Olivenöl in einem großen Topf auf mittlerer Stufe erhitzen und die Zwiebel darin glasig anbraten. Knoblauch, Frühlingszwiebel, Petersilie, Koriander und Dill hinzufügen und 5 Minuten mitbraten. Die Hälfte des Knoblauchs fein schneiden und mit dem getrockneten Dill, Koriandersamen, Kurkuma, schwarzem Pfeffer und Instant-Gemüsebrühe hinzugeben und 2 Minuten mitbraten.
3. Etwa 1½ l Wasser zugießen und zum Kochen bringen. Mungbohnen hineingeben und die Suppe ca. 25 Minuten kochen. Hin und wieder gründlich umrühren. Mit Salz abschmecken und kosten, ob noch Pfeffer fehlt.
4. Linguine in grobe Stücke brechen und mit Spinat und Haferflocken zur Suppe hinzugeben. Das Ganze noch 7 Minuten kochen.
5. Restlichen Knoblauch in dünne Scheiben schneiden. Restliches Olivenöl in einer kleinen Pfanne erhitzen und den Knoblauch in ca. 2 Minuten goldbraun braten. Getrocknete Minze unterrühren und vom Herd nehmen.
6. Die Suppe in Schalen servieren. Etwas Knoblauch-Minze-Öl darübergeben und umrühren.

FÜR 4 PORTIONEN · ZUBEREITUNGSZEIT: 1 STUNDE · EINWEICHZEIT: 2 STUNDEN

SHORBAT MASH

MUNGBOHNENSUPPE

Iraker lieben Brühe sehr und ehrlich gesagt auch Brühwürfel, insbesondere Hühnerbrühwürfel. Ich musste mich erst daran gewöhnen, drauf zu verzichten, als ich anfing, öfter vegan zu kochen, aber mit guter Bio-Instant-Gemüsebrühe, Kräutern und lange angebratener Zwiebel kommt man schon sehr weit. Joghurt und Dattelsirup als Topping auf einer Bohnensuppe sind eine geradezu himmlische Verbindung; für pflanzlichen Joghurt gilt dies gleichermaßen.

ZUTATEN

130 g getrocknete Mungbohnen, gewaschen und mindestens 2 Stunden in Wasser eingeweicht
2 Zwiebeln, klein geschnitten
2 TL Kreuzkümmelsamen, geröstet, fein gemahlen
1 EL gemahlene Kurkuma
3 TL Koriandersamen, geröstet, fein gemahlen
2–3 TL schwarze Pfefferkörner, fein gemahlen
1½ EL Instant-Gemüsebrühe
30 g frischer Estragon, Blätter fein geschnitten
40 g frische Petersilie, Blätter und Stängel, fein geschnitten
50 g rote Linsen, gewaschen und mindestens 2 Stunden in Wasser eingeweicht
Salz nach Geschmack
6 EL Haferflocken
3–4 EL weißer Naturessig
Dattelsirup und (pflanzlicher) Joghurt (optional)

1. In einem Suppentopf 1 l Wasser zum Kochen bringen. Mungbohnen in einem Sieb unter kaltem fließendem Wasser abspülen. Die Bohnen 10 Minuten auf mittlerer Stufe im Topf kochen. Dann abgießen.
2. In demselben Topf das Öl auf mittlerer Stufe erhitzen. Die Zwiebel darin in rund 5 Minuten glasig anbraten. Kreuzkümmelsamen, Kurkuma, Koriandersamen, schwarzen Pfeffer, Instant-Brühe, Estragon und Petersilie hinzufügen und weitere 3 Minuten braten. Regelmäßig umrühren.
3. Die Linsen in einem Sieb unter kaltem fließendem Wasser abspülen und mit den Mungbohnen zum Zwiebel-Kräuter-Gemisch hinzugeben. 1½ l Wasser zugießen und die Suppe in ca. 30 Minuten gar kochen. Mit Salz abschmecken.
4. Haferflocken und Essig hinzufügen und noch 5 Minuten leise köcheln lassen. Die Suppe in Schalen schöpfen und eventuell mit Dattelsirup und Joghurt garnieren.

FÜR 4–6 PORTIONEN | ZUBEREITUNGSZEIT: 45 MINUTEN

ESTHERS TAHINSUPPE

WINTERLICHE GEMÜSESUPPE MIT ORZONUDELN, KICHERERBSEN UND TAHIN

ZUTATEN

4 EL Olivenöl
1 EL Kreuzkümmelsamen
2 rote Zwiebeln, klein geschnitten
4 Knoblauchzehen, in dünne Scheiben geschnitten
½ rote Paprikaschote, ohne Samen und Samenleiste, sehr fein geschnitten
4 TL Salz
1 TL geräuchertes Paprikapulver
1 TL gemahlene Kurkuma
500 g Wintermöhren, geschält, sehr klein gewürfelt
500 g Süßkartoffeln, geschält, sehr klein gewürfelt
500 g Kartoffeln, geschält, sehr klein gewürfelt
200 g Knollensellerie, geschält, sehr klein gewürfelt
200 g grüne Bohnen, Spitzen entfernt, in kleine Stücke geschnitten
3 Lorbeerblätter
50 g frische Blattpetersilie, Blätter und feine Stängel grob geschnitten
240 g Kichererbsen, aus der Dose
150 g Orzonudeln
50 ml Zitronensaft
2 EL Tahin
30 g frischer Koriander, Blätter abgezupft
1 EL Harissa

Dieses Rezept stammt von meiner jüdischen Tante Esther Erwteman. Man findet mich fast jede Woche in ihrem Kochstudio im Amsterdamer Viertel De Pijp, wo es immer lebhaft und herzlich zugeht. Man sieht mich dort oft (nutzlos) in einem Topf rühren, im Tausch gegen pikanten Tratsch, Baba Ganoush, unternehmerische Beratung und an besonders guten Tagen Kuscheleinheiten der kleinen Saar, ihrer nicht minder herzlichen Tochter. Esther hat meinen Blick auf Gemüse komplett verändert; sie ist bei der Rezeptentwicklung einfach eine Zauberin. Sie hat so ein gewisses Etwas in ihrem Kochstil, und durch sie habe ich mich an Experimente mit Dingen wie veganer Kibbeh getraut – während man sich bei der Kibbeh-Zubereitung auf semi-heiligen Boden begibt. Bei Esther habe ich die beeindruckendsten Suppen aller Zeiten probiert. Von Curry-Blumenkohl-Suppe über Algensuppe bis zu ihrer Matzeklöße-Suppe mit Limettenblatt. Es schien mir daher nicht mehr als logisch, dir Einblick in eine ihrer Gemüsesuppen zu geben: einen Wintereintopf, der durch das Tahin sahnig schmeckt.

1. Olivenöl in einer großen Pfanne mit schwerem Boden auf mittlerer Stufe erhitzen. Kreuzkümmelsamen 1 Minute braten, die Zwiebel hinzugeben und in ca. 5 Minuten glasig braten. Knoblauch und rote Paprikaschote hinzugeben und 1 Minute mitbraten. 1 TL Salz, das geräucherte Paprikapulver und gemahlene Kurkuma hinzufügen.
2. Wintermöhren, Süßkartoffeln, Kartoffeln, Knollensellerie und grüne Bohnen hinzufügen und 5 Minuten mitbraten. 1 TL Salz, 2 l Wasser, die Lorbeerblätter und die Hälfte der Petersilie hinzugeben und zum Kochen bringen. Hitze verringern und 15 Minuten weiterköcheln lassen.
3. Kichererbsen und Orzonudeln zugeben und ca. 10 Minuten kochen lassen oder bis die Orzonudeln gar sind. Sie sollen letztlich viel Wasser absorbieren. 40 ml Zitronensaft hinzugeben.

4. Restlichen Zitronensaft sehr gründlich mit Tahin vermischen und zur Suppe geben. 2 TL Salz, restliche Petersilie und die Hälfte des Korianders hinzufügen. Kosten, ob noch Salz oder Zitronensaft fehlen; allerdings dicken die Orzonudeln die Suppe ein und dies verstärkt die Aromen.
5. Vor dem Servieren die Suppe mit etwas Harissa und dem restlichen Koriandergrün garnieren.

Kleine Portionen sind nicht so Esthers Ding. Was also übrig bleibt, kannst du einfrieren.

FÜR 4 PORTIONEN · ZUBEREITUNGSZEIT: 1 STUNDE

SHORBAT CHOVAN

TOMATEN-HAFERFLOCKEN-SUPPE

Shorbat Chovan ist in den Golfstaaten ein Klassiker und wird dort auch mit gezupftem Hähnchenbrustfilet zubereitet. Diese herzhafte Haferflockensuppe schmeckt vor allem im Winter, besonders die kleinen Lammfleischstückchen sind toll. Rühre die Suppe alle 10 Minuten gründlich um; mit Zutaten wie Haferflocken setzt sie doch gern mal am Topfboden an. Ich habe immer ein paar Portionen von dieser Suppe im Gefrierschrank.

ZUTATEN

300 g Lammfleisch, ohne Knochen, in kleine Würfel geschnitten
4 Strauchtomaten
2 Zwiebeln
5 Kardamomkapseln, Samen zerdrückt
1 TL Kreuzkümmelsamen, geröstet, fein gemahlen
2 TL gemahlener Zimt
2 TL schwarze Pfefferkörner, fein gemahlen, plus gemahlene Pfefferkörner nach Geschmack
2 Lorbeerblätter
150 g feine Haferflocken
Salz nach Geschmack

1. Lammfleisch, ganze Tomaten und Zwiebeln mit 1,4 l kaltem Wasser in einem Topf auf mittlerer Stufe zum Kochen bringen. 10 Minuten kochen und zwischendurch den Schaum, der sich oben absetzt, abschöpfen.
2. Tomaten und Zwiebeln herausnehmen und fein pürieren. Wieder in den Topf geben. Kardamom, Kreuzkümmel, Zimt, schwarzen Pfeffer und Lorbeerblätter hinzugeben. Das Lammfleisch auf niedriger Stufe in ca. 20 Minuten darin gar kochen.
3. Haferflocken hinzugeben und nochmals 15 Minuten kochen. Gut umrühren, damit die Suppe nicht am Boden ansetzt und anbrennt. Mit Salz abschmecken und eventuell noch mehr Pfeffer dazugeben.

FÜR 4 PORTIONEN | ZUBEREITUNGSZEIT: 15 MINUTEN

JAJEEK

KALTE JOGHURTSUPPE MIT POSTELEIN

Vergleichbar mit dem Dip Tzatziki, aber flüssiger. Jajeek ist eine kalte Suppe, die man im Sommer zur Abkühlung isst. In diese Jajeek kommt Postelein. Du kannst sowohl die zarte Wintervariante nehmen als auch die Variante, die im Sommer wächst. Bei Letzterer musst du die Stängel besonders fein schneiden, weil sie härter und fester sind als der Rest des Krautes. Alternativ kannst du statt Postelein auch Feldsalat verwenden. Die Textur ist dann ganz ähnlich, aber die Säure fehlt – das kannst du mit etwas Sumach korrigieren. Ich bin ein Fan von Ziegenmilch-Joghurt, du kannst ihn aber auch durch leckeren vollfetten Kuhmilch-Joghurt ersetzen.

ZUTATEN

3 Knoblauchzehen, gepresst
1½ EL getrocknete Minze
500 ml Ziegenjoghurt
60 ml Olivenöl plus Öl zum Beträufeln
300 g Postelein, alternativ Feldsalat
Salz nach Geschmack
2 TL Sumach
50 g Pistazien, geröstet und grob gehackt

1. Knoblauch, Minze und Olivenöl in den Ziegenjoghurt rühren.
2. Posteleinblätter und -stiele fein schneiden. In die Joghurtsoße rühren und Salz nach Geschmack zugeben. Mit extra Olivenöl, der restlichen getrockneten Minze und dem Sumach besprenkeln und Jajeek kaltstellen.
3. Jajeek in Schalen füllen, Pistazien darauf verteilen und servieren.

TIPP

Ziegenjoghurt kannst du durch eine pflanzliche Alternative auf Kokosbasis ersetzen.

Lipton
YELLOW LABEL
DO GHAZAL TEA
SUNQUICK
ZWAN

WÜRZMISCHUNGEN UND -SOSSEN

AMBA • ROTES TORSHI • TARRATOUR

GELBES TORSHI • TORSHI MAHSCHIE • MABOOCH • ZHOUG

NOOMI-CHUTNEY • BAHARAT • ZA'ATAR

FÜR 300 ML | ZUBEREITUNGSZEIT: 20 MINUTEN | WARTEZEIT: 4 STUNDEN

AMBA

BOCKSHORNKLEESOSSE

Falls du bei einem Quiz einige typische irakische Spezialitäten aufzählen musst, gebe ich dir einen Tipp: Amba gehört auf jeden Fall zu den richtigen Antworten. Ich finde eigentlich, dass man immer ein Glas Amba im Kühlschrank haben sollte. Sobald etwas gebraten oder gegrillt wird, kann diese Soße auf den Tisch. Ich habe mich für eine Variante mit Mango entschieden, die kannst du aber auch gut weglassen. Dein Amba ist gut gelungen, wenn du es kurz stehen lässt und dann eine Art Bläschen oder weiße »Stipper« in der Soße siehst.

ZUTATEN

1 EL Bockshornkleesamen
1 gehäufter EL Senfsaat
1 EL feingemahlene Kurkuma
½ EL Zitronensäure
½ EL Salz
½ EL Paprikapulver
1 TL Cayennepfeffer, fein gemahlen
3 EL Zucker
200 ml kochendes Wasser
100 ml Apfelessig oder weißer Essig
1 unreife Mango, geschält, in dünne Spalten geschnitten

Zusätzlich benötigst du:
Gewürzmühle oder Mörser, Küchenmaschine, sterilisiertes Glasgefäß (300 ml)

1. Bockshornklee auf niedriger Stufe 5 Minuten unter regelmäßigem Umrühren rösten. Für die letzte Minute Senfsaat dazugeben und kurz mitrösten. Beide Samen in einer Gewürzmühle (oder mit einer Prise Salz im Mörser) möglichst fein mahlen, bis keine Bockshornkleestückchen mehr zu sehen sind und ein gleichmäßiges Pulver entstanden ist.
2. Die gemahlenen Bockshornklee- und Senfsamen zusammen mit Kurkuma, Zitronensäure, Salz, Paprikapulver, Cayennepfeffer und Zucker in eine Schüssel geben und vermischen. Nach und nach Essig und Wasser zufügen und mit einer Gabel zu einem gleichmäßigen Brei verrühren.
3. Den Ambabrei in einem Stieltopf zum Kochen bringen. Die Soße in 10 Minuten auf mittlerer Stufe eindicken lassen.
4. Das Amba abkühlen und mindestens 4 Stunden stehen lassen. Mit der Mango in das Gefäß gießen und im Kühlschrank aufbewahren.

TIPP

Die Mango kann auch mit dem Amba zusammen zu einem fruchtigen Dip püriert werden. Außerdem kannst du auch fein geschnittene Limette und/oder Tomate hinzugeben.

FÜR 3-LITER-GEFÄSS · ZUBEREITUNGSZEIT: 1 ½ STUNDEN · WARTEZEIT: 14 TAGE

ROTES TORSHI

SAUER EINGELEGTES GEMÜSE MIT ROTER BETE

ZUTATEN

4 EL getrockneter Knoblauch
1 Schalotte, in feine Ringe geschnitten
600 g Herbstrüben
700 g Topinambur (optional)
500 g Rote Bete
500 g Blumenkohl
500 g Weißkohl
350 ml weißer Naturessig
2 ½ EL Meersalz
10 Knoblauchzehen, geschält
3 Zweige Rosmarin
2 TL schwarze Pfefferkörner, zerdrückt
2 rote Chilischoten

Zusätzlich benötigst du:
ein sterilisiertes (Weck-)Glas für 3 l oder mehrere kleine Gefäße; sterilisierter kleiner Teller oder kleines Schälchen, der bzw. das ins Gefäß passt

Es gibt viele Sorten Torshi, dieses mit dem Umami-Geschmack von getrocknetem Knoblauch ist jedoch zum Verlieben. Ich esse diese rote Variante am liebsten zu Kebab (Seite 143), Falafel (Seite 139) und Sabich (Seite 153). Ein perfektes Torshi hat den sauren, herzhaften Geschmack der Einlegeflüssigkeit aufgenommen und ist noch etwas knackig. Man kann beim Gemüse variieren, aber Herbstrübe, Weißkohl und Blumenkohl sind bei diesem Torshi die Standardsorten. Außerdem kann man auch indische Mini-Auberginen, grüne, unreife Tomaten und grüne, unreife Pflaumen verwenden.

Die Mengen von Wasser und Gemüse sind abhängig von der Größe des Gefäßes. Arbeite mit der Standardmenge 1 l Wasser auf 350 ml weißen Essig und 1 ½ EL Meersalz. Verwende kein jodhaltiges Kochsalz, davon wird das Torshi weich und schmeckt nicht gut. Und nimm, wenn du das Torshi aus dem Gefäß holen willst, selbstverständlich einen sauberen, fettfreien Schöpflöffel, Zange oder Löffel.

→

TIPP

Machst du Torshi im Sommer? Warte dann 10 statt 14 Tage. Der Fermentationsprozess kann bei warmen Temperaturen nämlich etwas schneller gehen.

1. Getrockneten Knoblauch und Schalotte in eine Schale mit heißem Wasser legen und 45 Minuten einweichen.
2. Herbstrübe und Topinambur gründlich säubern. Stielansätze bei den Roten Beten und Stiele der Herbstrüben abschneiden und beide Gemüse jeweils in ungefähr 8 Spalten schneiden. Topinambur in ungefähr 1 cm dicke Scheiben schneiden. Blumenkohl in große Röschen zerteilen. Weißkohl in etwa 4 Stücke schneiden; die Kohlblatt-Schichten zusammenlassen.
3. In einem Topf so viel Wasser zum Kochen bringen, dass das Gemüse bedeckt ist. Herbstrübe, Blumenkohl, Topinambur und Rote Bete 5 Minuten blanchieren. Dann das Gemüse aus dem Wasser nehmen und abgießen. 1 l Kochflüssigkeit auffangen und beiseitestellen. Diese wird gleich als Basis für das Torshi verwendet.
4. Kochflüssigkeit vollständig erkalten lassen. Essig und 1½ EL Salz hinzufügen.
5. Das Gefäß zu einem Drittel mit dem Gemüse befüllen – darauf achten, dass alles schön durcheinander ist. Die eingeweichte Schalotte ausdrücken. Schalotte, Knoblauch, Rosmarin und schwarzen Pfeffer miteinander vermischen und einen Teil davon auf dem Gemüse im Gefäß verteilen. Eine neue Schicht Gemüse darauflegen, wieder mit dem Schalotten-Knoblauch-Gewürzgemisch bestreuen und auch die Chilischoten hinzufügen. Schließlich die letzte Schicht hineingeben. Das Gemüse fest andrücken. Dann die abgekühlte Essig-Kochflüssigkeit ins Gefäß gießen. Aufpassen, dass das gesamte Gemüse gut bedeckt ist; falls die Kochflüssigkeit nicht ausreicht, etwas Wasser zugießen. Als Letztes noch 1 EL Salz extra ins Gefäß streuen.
6. Den Boden des Gefäßes vorsichtig ein paar Mal auf der Arbeitsfläche aufsetzen (ist sie aus Stein, am besten ein Geschirrtuch oder Ähnliches unterlegen) und gegen die Seiten klopfen, sodass die Luftbläschen austreten. Torshi mindestens 14 Tage an einem kühlen, dunklen Ort stehen lassen. Nach dieser Zeit ist es zum Verzehr bereit. Torshi außerhalb des Kühlschranks aufbewahren. Du kannst das eingelegte Gemüse aber vor dem Essen kurz in den Kühlschrank stellen, mir persönlich schmeckt es so am besten.

TARRATOUR

TAHINSOSSE

Tarratour ist eine klassische Tahinsoße, die bei Streetfood-Gerichten standardmäßig auf dem Tisch steht. Man isst diese Soße zu Falafel (Seite 139), Sabich (Seite 153), aber auch auf Auberginen und zu Fischgerichten. Im Grunde zu allem, was gegrillt und frittiert ist – ausgenommen zu Kebab. Es macht alles cremig, ohne irgendein Milchprodukt zu enthalten. Die Petersilie kannst du weglassen, wenn du diese Soße zu Falafel servierst.

ZUTATEN

120 g Tahin
50 ml Wasser
Saft von 1 Zitrone
½ TL Salz
2 Knoblauchzehen, gerieben oder gepresst
10 g (krause) Petersilie, Blätter sehr fein geschnitten

1. Das Tahin muss in seinem Behälter gut gemischt oder durchgerührt sein, bevor man es verwendet. In einer Schüssel Tahin mit Wasser mischen. Mit einem Schneebesen weiterrühren, bis die beiden Bestandteile emulgieren. Das kann durchaus ein paar Minuten dauern.
2. Zitronensaft, Salz und Knoblauch hinzugeben und zu einer glatten Soße vermengen.
3. Petersilie ins Tarratour rühren und servieren.

FÜR 3-LITER-GEFÄSS · ZUBEREITUNGSZEIT: 1 ½ STUNDEN · WARTEZEIT: 10 TAGE

GELBES TORSHI

SAUER EINGELEGTES GEMÜSE MIT KURKUMA UND TOPINAMBUR

ZUTATEN

4 EL getrockneter Knoblauch
1 Schalotte, in feine Ringe geschnitten
1 ½ kg Topinambur
1 ½ kg Blumenkohl
1 kg Winterkarotten
700 g grüne Bohnen
350 ml weißer Naturessig
2 ½ EL Meersalz
1 EL gemahlene Kurkuma
1 EL Currypulver
10 Knoblauchzehen, geschält
2 TL schwarze Pfefferkörner, zerdrückt
2 frische Jalapeñoschoten

Zusätzlich benötigst du:
destilliertes (Weck-)Glas für 3 l oder mehrere kleinere Gefäße, sterilisierter kleiner Teller oder kleine Schale, der bzw. die ins Gefäß passt

Dieses Torshi ist etwas für Fans von würzigem, sauer eingelegtem Gemüse. Essenzielle Zutaten sind hier die Gewürze, Topinambur und die Schalotte. Außerdem kannst du das Torshi zum Beispiel mit gekauften Essiggurken, Mini-Salatgurken, Oliven und eingelegten Paprikaschoten variieren. Du kannst auch fein geschnittene frische Blattpetersilie zugeben. Ich esse dieses Torshi vor allem gern zu Timmen Bajilla (Seite 84) und Masgouf (Seite 103).

1. Getrockneten Knoblauch und Schalotte in eine Schale mit heißem Wasser legen und 45 Minuten einweichen.
2. Topinambur gründlich säubern und in ca. 1 cm dicke Scheiben schneiden. Blumenkohl in große Röschen zerteilen. Winterkarotten schälen und in ca. 3 cm große Scheiben schneiden. Bei den Bohnen die Spitzen entfernen.
3. In einem Topf so viel Wasser zum Kochen bringen, dass das Gemüse bedeckt ist. Topinambur, Blumenkohl, Winterkarotten und grüne Bohnen 5 Minuten blanchieren. Dann das Gemüse aus dem Wasser nehmen und abgießen. 1 l Kochflüssigkeit auffangen und beiseitestellen. Dies wird gleich als Basis für das Torshi verwendet.
4. Kochflüssigkeit vollständig erkalten lassen. Essig und 1 ½ EL Salz, Kurkuma und Currypulver hineinrühren, bis sich alles aufgelöst hat.
5. Das Gefäß zu einem Drittel mit dem Gemüse befüllen – darauf achten, dass alles schön durcheinander ist. Die eingeweichte Schalotte auspressen. Schalotte, Knoblauch und schwarzen Pfeffer miteinander vermischen und einen Teil davon auf dem Gemüse im Gefäß verteilen. Eine neue Schicht Gemüse darauflegen, wieder mit dem Schalotten-Knoblauch-Gewürzgemisch bestreuen und auch die Jalapeñoschoten hinzufügen. Schließlich die letzte Schicht hineingeben. Das Gemüse fest andrücken. Dann die abgekühlte Essig-Kochflüssigkeit ins Gefäß gießen. Aufpassen, dass das gesamte Gemüse gut bedeckt ist; falls die Kochflüssigkeit nicht ausreicht, etwas Wasser zugießen. Als Letztes noch 1 EL Salz extra ins Gefäß streuen.

6. Den Boden des Gefäßes vorsichtig ein paar Mal auf der Arbeitsfläche aufsetzen (ist sie aus Stein, am besten ein Geschirrtuch oder Ähnliches unterlegen) und gegen die Seiten klopfen, sodass die Luftbläschen austreten. Torshi mindestens 10 Tage an einem kühlen, dunklen Ort stehen lassen. Nach dieser Zeit ist es zum Verzehr bereit. Torshi außerhalb des Kühlschranks aufbewahren. Du kannst das eingelegte Gemüse aber vor dem Essen kurz in den Kühlschrank stellen, mir persönlich schmeckt es so am besten.

TIPP

Machst du Torshi im Winter? Warte dann 14 statt 10 Tage. Der Fermentationsprozess kann bei einer kalten Temperatur nämlich etwas länger dauern.

FÜR 1 ½ KG · ZUBEREITUNGSZEIT: 1 STUNDE · WARTEZEIT: 4 TAGE

TORSHI MAHSCHIE

EINGELEGTE GEFÜLLTE SALATGURKEN

Dieses Torshi ist mein Favorit. Man schmeckt die tief im Landesinneren liegenden irakischen Gebiete bei jedem Bissen. So habe ich mein Essen am liebsten. Diese Salatgurken, die zu allem köstlich schmecken, serviert man in Scheiben geschnitten zusammen mit der fruchtigen Einlegeflüssigkeit. Nach dem Essen trinke ich die verbliebene Flüssigkeit mit etwas Eis als kleinen Powershot. Dieses Torshi ist schon nach 4 Tagen fertig und somit bedeutend schneller in der Zubereitung als die Torshi-Rezepte auf den vorigen Seiten. Du kannst Mini-Salatgurken jeglicher Größe verwenden, ich finde die mittelgroßen zum Füllen am schönsten. Sie werden unwiderstehlich, wenn du sie mit dem Gewürzmix füllst, das du für Amba (Seite 192) nimmst, doch wenn du ihn nicht da hast, dann gib 1 TL Curry Masala extra hinein. Für dieses Torshi nimmst du etwas mehr Essig, um die Süße des Dattelsirups auszugleichen.

ZUTATEN

1½ kg Mini-Salatgurken, am besten mittelgroß
400 ml Apfelessig
1 EL Meersalz
100 ml Dattelsirup
50 ml Granatapfelsirup
25 g frische Petersilie, Blätter fein geschnitten
10 Knoblauchzehen, fein geschnitten
3 TL Curry Masala
2 TL Ambapulver (Seite 192)
1 TL weißer Pfeffer, fein gemahlen
1 Bio-Zitrone, in dünne Scheiben geschnitten

Zusätzlich benötigst du:
Großes sterilisiertes, verschließbares Behältnis oder Glasgefäß

1. Die Salatgurken gründlich waschen und bis 1 cm vor den Spitzen längs einschneiden.
2. Nun 1 l Wasser zum Kochen bringen. Essig, Meersalz, Dattelsirup und Granatapfelsirup hinzugeben.
3. Die Gurken 3 Minuten im süßsauren Wasser kochen und anschließend aus dem Topf nehmen. Das Kochwasser abkühlen lassen – es wird in Kürze als Basis für das Torshi verwendet.
4. Für die Füllung Petersilie, Knoblauch, Curry Masala, Ambapulver und weißen Pfeffer miteinander mischen. Eine Gurke mit 1 gestrichenen EL der Gewürzmischung füllen. Überstehende Füllung abstreifen. Die Gurke in den Behälter oder das Glas legen. Die nächste gefüllte Gurke wird mit der offenen Seite gegen die offene Seite der ersten Gurke gelegt. Alle Gurken auf diese Art und Weise füllen. Die Zitronenscheiben oben auf die Gurken legen.
5. Das abgekühlte Essigwasser in das Glas oder den Behälter gießen. Darauf achten, dass alle Gurken gut bedeckt sind. Eventuell noch mehr Flüssigkeit anrühren, im Verhältnis 1 l kochendes Wasser auf 300 ml Essig und 1 EL Meersalz.
6. Das Gurkentorshi nun 4 Tage stehen lassen. Dann ist es bereit für den Verzehr.

FÜR 450 ML | ZUBEREITUNGSZEIT: 10 MINUTEN

MABOOCH

GRANATAPFELSIRUP-CHILI-ÖL

Bis ich Mabooch kennenlernte, dachte ich immer, wir hätten in der levantinischen Küche als scharfe Soße bloß Shatta. Mabooch ist in den Golfstaaten, wo man es oft zu Reisgerichten isst, eine ganz wichtige Würzsoße. Seit ich es kenne, kommt es bei mir auf sämtliche Speisen – das mag an seinem Star, dem Granatapfel, liegen. Einmal war ich so gierig, dass ich einen ganzen Teelöffel davon auf einen Toast mit Brillat-Savarin-Käse gab: Das war wirklich keine gute Idee. Sofern du Schärfe nicht ausgesprochen gut verträgst, würde ich Mabooch in kleinen Mengen verwenden, genauso, wie man chinesisches Chiliöl einsetzt. Du kannst es mit Olivenöl verdünnen, wenn du es beispielsweise auf einen Dip träufeln möchtest, oder unverdünnt in die Suppe rühren. Im Kühlschrank hält es sich lange. Stelle es vor allem zu Kibbeh (Seite 117) und Hareessa (Seite 178) auf den Tisch.

ZUTATEN

300 ml Olivenöl nativ extra
3 EL Tomatenmark
7 Knoblauchzehen
1 Zitrone
1 EL weißer Essig
1½ EL Koriandersamen, geröstet, fein gemahlen
1 EL Paprikapulver
75 g Chiliflocken
½ EL Salz
100 ml Granatapfelsirup

Zusätzlich benötigst du:
sterilisiertes Glasgefäß (450 ml)

1. In einer kleinen Bratpfanne auf mittlerer Stufe 3 EL Olivenöl erhitzen. Tomatenmark hierin 3 Minuten braten. Gründlich umrühren.
2. Knoblauch reiben und Zitronenschale abreiben.
3. Tomatenmark, Knoblauch und Zitronenschale in eine saubere Schüssel geben und den Saft der Zitrone darüber auspressen. Essig, Koriandersamen, Paprikapulver, Chiliflocken und das Salz hinzufügen und mit einer sauberen Gabel miteinander verrühren.
4. Das restliche Olivenöl und den Granatapfelsirup zugießen und vermengen. In einem sterilisierten Gefäß im Kühlschrank aufbewahren.

ZHOUG

SCHARFER PAPRIKADIP

Zhoug ist eine jemenitische scharfe Soße – oder ein Dip –, die sehr gut auf Sabich (Seite 153) passt. Die grüne Variante mit viel Koriander ist bekannt, diese auf Tomatenbasis ist vielleicht mein Favorit. Dadurch, dass man das Gemüse kocht, bekommt der Dip einen angenehmen, leicht süßen Geschmack. Du kannst es auch als Topping auf dein Hummus bi Tahina (Seite 161) geben oder Brot hineindippen.

ZUTATEN

5 EL Olivenöl
2 EL Biber salçasi (Seite 11)
2 Zwiebeln, grob in Stücke geschnitten
1 Paprikaschote, grob in Stücke geschnitten
2 Strauchtomaten, grob in Stücke geschnitten
1–2 Jalapeñoschoten, halbiert, ohne Samenleisten
4 Knoblauchzehen, geschält
1½ TL Koriandersamen, geröstet, fein gemahlen
3 EL weißer Naturessig
Salz nach Geschmack

Zusätzlich benötigst du:
Küchenmaschine

1. Olivenöl in einer Pfanne auf mittlerer Stufe erhitzen und Biber salçasi darin 1 Minute anbraten. Zwiebel und Paprika zufügen, weitere 3 Minuten braten und dann die Tomate hinzugeben. Nach 3 Minuten Jalapeñoschoten und Knoblauch hinzufügen und alles für 8 Minuten auf niedriger Stufe schmoren lassen. Gemüsegemisch abkühlen lassen.
2. Kreuzkümmel- oder Kümmelsamen, Essig und Salz nach Geschmack hinzufügen und das Gemisch in einer Küchenmaschine zu einer glatten Soße pürieren.
3. Den Dip kalt servieren.

NOOMI-CHUTNEY

CHUTNEY AUS GETROCKNETEN LIMETTEN UND DATTELN

Dieser Dip hat alles, was man von einem Dip erwarten kann, und mehr. Schwer und dunkel sieht er aus und ist doch fruchtig, würzig, scharf, und schenkt dir zudem eine erdige, säuerliche Note im Mund. Wie bei Amba gilt auch hier: Dieses Chutney wirst du standardmäßig im Kühlschrank haben wollen. Es schmeckt sehr gut zu Kibbeh und zu allem, was in Richtung Streetfood geht. Diese fruchtige Dame ist auf der Straße zu Hause, aber auch bei den Schickimickis, denn sie passt offensichtlich auch gut auf eine elegante Käseplatte. Eine *Femme fatale* zum Verlieben.

ZUTATEN

1½ EL Senfsaat
1½ EL Koriandersamen
1 EL Kreuzkümmelsamen
2 TL Chiliflocken
2 TL Fenchelsamen
3 TL Ingwerpulver
7 schwarze getrocknete Limetten, ohne Kerne
Salz
150 g Datteln, ohne Kerne

Zusätzlich benötigst du:
Mörser, Mixer

1. Senf-, Koriander- und Kreuzkümmelsamen in einer Bratpfanne ohne Öl 5 Minuten lang auf niedriger Stufe rösten. Regelmäßig wenden, sodass die Gewürze nicht verbrennen.
2. Gewürze und getrocknete Limette in einem Mörser mit etwas Salz fein zermahlen.
3. Datteln zusammen mit den zerstoßenen Gewürzen, Chiliflocken, Fenchelsamen und Ingwerpulver sowie 400 ml Wasser in einem Topf zum Kochen bringen und die Datteln kochen, bis sie zerfallen sind; dies dauert etwa 25 Minuten. Sollte viel Flüssigkeit verdampft sein, noch etwas Wasser zusätzlich zugeben.
4. Die Soße in einem Mixer glatt pürieren und mit Salz, zusätzlichen Chiliflocken oder etwas Zucker abschmecken.

FÜR 200 G   ZUBEREITUNGSZEIT: 15 MINUTEN

BAHARAT

SIEBEN-GEWÜRZE-PULVER

Diesen Gewürzemix brauchst du unter anderem für die Zubereitung einiger Kibbeh-Sorten, aber es ist ganz generell praktisch, einen Vorrat davon zu haben, wenn man orientalische Gerichte kochen will. Es heißt Sieben Baharat, oder Sieben Gewürze, aber wie du siehst, sind mehr als sieben Bestandteile enthalten. Ich mag es sehr, den warmen Geschmack von Zimt und Piment hinzuzugeben, vor allem bei Kibbeh. Für die Zubereitung auf Vorrat kannst du die Menge anpassen und das Baharat bestimmt 3 Monate aufbewahren, aber frisch schmeckt es immer besser.

ZUTATEN

3 TL schwarzer Pfeffer
3 TL Pimentkörner
3 TL Koriandersamen
2 TL Gewürznelke
3 TL Kreuzkümmelsamen
3 TL Kardamomkapseln
3 TL Zimt, fein gemahlen
2 TL Muskatnuss, fein gemahlen

Zusätzlich benötigst du:
Kaffee- oder Gewürzmühle, Küchenmaschine oder Mörser

1. Schwarzen Pfeffer, Pimentkörner, Koriandersamen, Gewürznelken und Kreuzkümmelsamen in einer Bratpfanne ohne Öl auf niedriger Stufe rösten. Regelmäßig wenden, bis man die Gewürze gut riechen kann; dies dauert ca. 7 Minuten.
2. Die gerösteten Gewürze mit den Kardamomkapseln in einer Kaffee- oder Gewürzmühle, einer Küchenmaschine oder in einem Mörser fein mahlen.
3. Die Mischung in einem feinen Sieb über einer Schüssel sieben. Dann Zimtpulver und Muskatnuss hinzugeben und umrühren. Baharat in einem luftdichten Gefäß aufbewahren.

FÜR 450 G · ZUBEREITUNGSZEIT: 15 MINUTEN

ZA'ATAR

GEWÜRZMISCHUNG

Das beste Za'atar der Welt wird in Palästina gemacht, aus handgepflücktem wildem Oregano, der dort zu Hause getrocknet wird. Es kommt auch ganzer Weizen hinein, und dann noch lauter lokale Produkte, nach denen ich dich nicht auf die Suche schicken möchte. In diesem Rezept nehme ich Kichererbsenmehl. Im Grunde gibt man es hinzu, weil es nahrhaft und preiswert ist, es verleiht aber auch einen leckeren Geschmack. Wenn du das Maximum aus diesem Rezept herausholen willst, dann nimm den wildesten Oregano, den du finden kannst. Wilder Oregano kommt hier oft aus Griechenland und man findet ihn getrocknet in Naturkost- und Gemüseläden. Eine Gewürz- oder Kaffeemühle kann praktisch sein, damit bekommt man alles so fein, dass die Aromen sich optimal vereinen. Eine Küchenmaschine geht ebenfalls, und mit einem Mörser kommt man auch schon weit. Meiner Meinung nach kann jeder etwas mit Za'atar anfangen. Bei vielen Menschen fehlt nicht viel und sie würden sich auch noch die Zähne damit putzen. Für Neulinge: Verwendet es zum Beispiel für die Zubereitung meiner Brotchips (Seite 174), streut es auf Labneh (Seite 164), Hummus (Seite 161) oder worauf ihr wollt. Za'atar hält sich 3 Monate gut.

ZUTATEN

1 EL Fenchelsamen
1 TL Kreuzkümmelsamen
1 EL Koriandersamen
70 g geschälte Pistazien
80 g getrockneter Oregano, idealerweise ganze Blätter
8 EL Sumach
3 EL Olivenöl
3 EL Kichererbsenmehl (optional)
2 TL Salz
100 g gerösteter Sesam

Zusätzlich benötigst du:
Kaffee- oder Gewürzmühle, Küchenmaschine oder Mörser

1. Fenchel-, Kreuzkümmel- und Koriandersamen in einer kleinen Pfanne ohne Öl rösten, bis sie duften. Pistazien ebenfalls rösten; beides nicht miteinander mischen.
2. Oregano, Sumach sowie Fenchel-, Kreuzkümmel- und Koriandersamen in einer Gewürzmühle oder einem Mörser fein mahlen.
3. Fein gemahlene Gewürzmischung mit Kichererbsenmehl und Salz auf einen Teller geben und gründlich vermischen. Olivenöl hinzufügen und einarbeiten.
4. Pistazien fein hacken.
5. Pistazien und Sesam zur Gewürzmischung geben. Kosten, ob dem Za'atar noch Sumach oder Salz fehlen. In einem luftdichten Gefäß aufbewahren.

PIZZA

SÜSSSPEISEN

KUNAFE • DIHINIYA • MA'AMOUL • MUHALLEBI

HALAWAT TAHINA • ZARDEHTRIFLE • CHALGAM BIL DIBIS

FÜR 8 PORTIONEN · ZUBEREITUNGSZEIT: 1 STUNDE · GARZEIT: 30 MINUTEN

KUNAFE

ENGELSHAAR MIT KÄSEFÜLLUNG UND MIT SIRUP ÜBERGOSSEN

ZUTATEN

200 g Kristallzucker
1 Zitronenscheibe
2–3 EL Orangenblütenwasser
120 g Ghee
1 TL Safranfäden
300 g Kadaifi, am besten frisch oder tiefgefroren (siehe Einleitung)
625 g Büffelmozzarella
50 g Pistazien, fein gemahlen oder fein gehackt

Zusätzlich benötigst du:
Mörser, ofenfeste Form oder Backblech, am besten Aluminium, Durchmesser 26 cm

Geschmolzener Käse, knuspriges Engelshaar und krümelige Grießkruste, und dies alles in blumigem Sirup getränkt ... mein Lieblingsdessert. Die Kunafe, die ich früher in der Levante aß, wird mit Akkawikäse zubereitet. Bei Käse für Kunafe sollen Schmelzverhalten und Geschmack schön ausgewogen sein, und dafür braucht man einen gut schmelzenden Käse. Es kann Mozzarella sein oder Akkawi, der intensiver schmeckt. Man findet ihn manchmal in irakischen oder syrischen Supermärkten, wenn man gründlich sucht. Das knusprige Kadaifi ist Engelshaar aus sehr feinem Fadenteig; es ist abgepackt in fast jedem orientalisch-nordafrikanischen Supermarkt und frisch oder tiefgefroren in griechischen und besseren levantinischen Supermärkten zu finden.

1. Den Ofen auf 200 °C Ober-/Unterhitze (Umluft: 180 °C) vorheizen.
2. Für den Sirup 200 g Zucker, 100 ml Wasser und die Zitronenscheibe in einen Stieltopf geben. Einmal umrühren, um den Zucker zu vermischen, und auf mittlerer Stufe zum Kochen bringen. Hitze verringern und 8 Minuten kochen lassen. Dann 1–2 EL Orangenblütenwasser in den Sirup rühren.
3. Die Form mit 3 EL Ghee einfetten. Nicht vergessen: auch die Ränder gründlich einfetten.

→

TIPP

Du kannst die Kunafe (Schritt 1–6) am Vortag zubereiten. Soll ein Teil aufgehoben werden, diesen noch nicht mit Sirup übergießen, sondern erst im Ofen aufwärmen und dann den lauwarmen Sirup darübergeben.

4. Restliches Ghee 1 Minute in einem Stieltopf auf mittlerer Stufe erhitzen. Safran im Mörser mahlen und zum Ghee geben. Kadaifi in Stücke schneiden und mit dem Ghee und dem restlichen Orangenblütenwasser in einer Schüssel mischen. Mit beiden Händen immer ein wenig Ghee ins Kadaifi reiben, so wird es aufgebrochen und das Ghee kann überall gut einziehen. Je mehr Zeit man sich hierfür nimmt, desto besser schmeckt es; gut 10 Minuten einplanen. Besonders lecker wird es, wenn die Kunafe-Kruste eine Mischung aus sehr feinem Engelshaar (ca. 2 cm lange Stücke) und teilweise gröberen Fäden ist (ca. 4 cm), also nicht komplett zerbrechen. Aufhören, wenn es allmählich sehr fein wird.
5. Die Ofenform mit ⅔ des Engelshaars auskleiden; auch die Ränder. Die Kruste soll sehr kompakt werden. Dafür werden alle Teigfäden möglichst dicht aufeinandergedrückt. Die Masse gleichmäßig auf die Form verteilen. Mein Tipp: Form oder Blech mit einer Hand festhalten und mit dem Boden eines Glases auf den Teig drücken. Die Form drehen, um alles gleichmäßig zu verteilen und anzudrücken und von innen nach außen arbeiten. Dies einige Minuten lang wiederholen, bis man sieht, dass die Fäden nicht mehr lose sind, sondern alle aneinander festkleben.
6. Mozzarella trockentupfen und in feine Stücke schneiden. Nochmals gründlich trockentupfen. Käse auf den Teig legen und an den Rändern sorgfältig 1 cm frei lassen. Käseschicht mit etwas Küchenpapier trockentupfen. Die Engelshaarränder nach innen einschlagen, falls sie höher sind als der Käse. Restliches Engelshaar auf den Käse legen und ein wenig andrücken.
7. Die Ofenform auf eine Gasflamme stellen und auf mittlerer Stufe erhitzen. Am besten stellt man die Form mit dem Rand auf die Flamme, dann verbrennt die Mitte nicht. Die Form alle 10 Sekunden jeweils ein Stückchen drehen und dies ca. 8 Minuten lang wiederholen. Man sieht, wann es so weit ist: wenn sich die Kunafe vom Rand löst. Und natürlich, wenn man allmählich den himmlischen Duft riecht.
8. Kunafe im vorgeheizten Ofen backen, bis der Käse geschmolzen und die Kruste goldbraun ist. Dies dauert ungefähr 30 Minuten. In der Zwischenzeit den Sirup lauwarm erwärmen.
9. Einen großen Teller oder eine Tortenplatte auf die Ofenform legen. Kunafeform umdrehen und Teller/Platte auf den Tisch stellen. Mehrmals auf den Boden der Form klopfen und die Form abnehmen. Kunafe in die gewünschte Anzahl »Kuchenstücke« schneiden, mit lauwarmem Sirup übergießen und mit Pistazien garnieren.

FÜR 10–15 PORTIONEN · ZUBEREITUNGSZEIT: 20 MINUTEN · WARTEZEIT: 3 STUNDEN

DIHINIYA

KOKOS-FUDGE

ZUTATEN

100 g Ghee plus Ghee zum Einfetten
120 ml Sonnenblumenöl
250 ml Vollmilch
700 g Kristallzucker
10 Pimentkörner, zerdrückt
20 g frischer Ingwer, gerieben
1 EL Dattelsirup
Saft von ½ Zitrone
1 TL Salz
450 g Weizenmehl Type 405
100 g mittelgrobe Kokosraspel (in allen indischen und orientalisch-nordafrikanischen Supermärkten erhältlich)
75 g geschälte Walnüsse (oder andere Nüsse, auch Mandeln oder Pistazien)

Zusätzlich benötigst du:
Handmixer, Ofenform mit ca. 26 cm Durchmesser

TIPPS

- Die Dihiniya hält sich in einem verschlossenen Behältnis rund 10 Tage.
- Möchtest du eine pflanzliche Version zubereiten? Ersetze die Milch durch Sojamilch und nimm statt Ghee vegane Butter.

Mit diesem Fudge habe ich das Herz meines großen kulinarischen Vorbildes Vanja erobert. Dihiniya ist sehr süß, doch das stört in diesem Fudge überhaupt nicht. Man schmeckt keine Zuckerbombe, sondern eher eine cremige, warme, leicht zerlaufende Textur mit einer Oberseite aus geröstetem, knusprigem Kokos. Dieses Rezept ist im Gegensatz zu den meisten anderen Rezepten aus diesem Buch nicht für 4 Portionen, weil ich gemerkt habe, dass die Dihiniya im Ofen in größerer Menge schmackhafter gart, ähnlich wie beim weißen Reis (Seite 75).

1. Den Ofen auf 180 °C Ober-/Unterhitze (Umluft: 160 °C) vorheizen.
2. Ghee, Sonnenblumenöl, Milch, Zucker, Pimentkörner und Ingwer in einen Stieltopf geben, verrühren und auf niedriger Stufe 8 Minuten erhitzen, oder bis der Zucker geschmolzen ist.
3. Die Masse in eine Schüssel umfüllen und Dattelsirup, Zitronensaft und Salz zugeben. Etwa 4 Minuten mit einem Handmixer zu einer gründlich vermischten Masse verquirlen. Mit einem Spatel das Mehl unterziehen, bis der Teig es gut aufgenommen hat. Danach den Teig 1 Minute weiterschlagen.
4. Die Ofenform mit Ghee einfetten und Kokos einstreuen. Die Form hin und her rütteln, sodass sie innen ganz mit Kokosraspeln bedeckt ist. Die Nüsse darauf verteilen. Den Teig in Zickzackbewegungen in die Form gießen. Behutsam mit einem Löffelrücken glattstreichen.
5. Nun ist die Dihiniya bereit zum Abbacken. Die Form in den Ofen stellen und danach die Temperatur auf 150 °C (Umluft: 130 °C) verringern. 70 Minuten auf der mittleren Schiene backen, sodass eine knusprige Kruste mit weichem Inneren entsteht. Ofen ausschalten und die Form mindestens 2 Stunden zum Abkühlen im Ofen stehen lassen.
6. Die Form aus dem Ofen nehmen. Ein Schneidebrett auflegen, gut festhalten und die Form am Tisch stürzen. Ein paar Mal auf die Form klopfen, damit die Dihiniya sich ablöst, Form abnehmen und Dihiniya in Stücke in der gewünschten Größe schneiden. Man isst sie am besten warm, damit ihre Textur noch cremiger wird. Dazu vor dem Servieren etwa 3 Minuten im Ofen bei 180 °C Ober-/Unterhitze (Umluft: 160 °C) oder kurz in der Pfanne erwärmen.

FÜR 50 KEKSE · ZUBEREITUNGSZEIT: 2 STUNDEN · WARTEZEIT: 2 STUNDEN

MA'AMOUL

GRIESSKEKSE

ZUTATEN

Für den Teig:
250 g Ghee
250 g feiner Grieß
250 g Weizenmehl Type 405 plus Mehl zum Bestäuben
Salz
100 g Kristallzucker
100 ml eiskaltes Wasser

Für die Pistazienfüllung:
300 g geschälte Pistazien
4 EL Puderzucker
1 TL gemahlener Zimt
2 EL Orangenblütenwasser
1 EL Ghee

Puderzucker zum Servieren

Zusätzlich benötigst du:
Frischhaltefolie, Keksform (siehe Einleitung), Backpapier

Nach vielen kryptischen Chatnachrichten und Filmaufnahmen meiner Mutter am Ort des Geschehens habe ich schließlich das Rezept des levantinischen »Kekses aller Kekse« an mich bringen können. Es erwies sich als gar nicht so schwer und furchteinflößend, wie ich zunächst gedacht hatte. Sein Geheimnis: eine großzügige Menge Ghee und nicht zu viel kneten. Ich möchte hier meine Mutter noch einmal besonders rühmen – ohne sie wäre ich nichts und würde schon gar nicht allerfeinste Keksrezepte in die Welt hinausschicken. Zum Zuckerfest Eid backen wir getreu der Tradition an den Vortagen Kekse. Früher waren es immer *Kleiche*, das ist der Nationalkeks des Iraks. Pardon an die Iraker, aber *Kleiche* schmecken nach Ziegelstein – ich esse meine Kohlenhydrate lieber anders. Irgendwann Anfang der Nullerjahre schaltete meine Mutter vom Einkauf bei Aldi um auf Bio-Gemüseläden und von Kleiche auf Ma'amoul. Ich danke ihr von Herzen für dieses Upgrade. Wenige Süßigkeiten machen mich so froh wie ein Biss in diese zarte, weich-krosse Hülle auf dem Weg zur würzigen Nussfüllung. Idealerweise nimmt man als Keksform einen speziellen Holzlöffel; man bekommt ihn in orientalisch-nordafrikanischen Supermärkten.

1. Ghee in ca. 1 Minute auf niedriger Stufe schmelzen. Grieß, Mehl und 1 Prise Salz in einer Schüssel vermischen. Ghee hinzufügen, alles in rund 2 Minuten zu einem Teig verkneten und für 1 Stunde in den Kühlschrank stellen.
2. Mit einem Schneebesen den Zucker mit 100 ml eiskaltem Wasser verrühren, bis der Zucker aufgelöst ist. Das Zuckerwasser mit einer Gabel in den Teig rühren und darüber hinaus nicht kneten. Den Teig mit Frischhaltefolie abdecken und ½ Stunde im Kühlschrank kaltstellen. Der Teig muss die ganze Zeit über kalt sein, damit man die Kekse gut formen kann.

→

TIPPS

- Nimm als Anfänger mehr Mehl. Je mehr Grieß, desto brüchiger ist der Teig und desto schwieriger ist er zu verarbeiten.
- Du kannst auch eine Dattelfüllung machen: Dazu 300 g fein gehackte Datteln ohne Kern mit 1 TL Zimt 5 Minuten auf niedriger Stufe erwärmen und kurz abkühlen lassen. 2 EL Puderzucker und 2 EL Orangenblütenwasser hinzugeben. Alles verkneten und als Füllung für die Ma'amoul verwenden.

3. Für die Keksfüllung Pistazien in einer Bratpfanne ohne Öl 5–6 Minuten auf niedriger Stufe rösten. Pistazien im Mörser grob mahlen. Darauf achten, dass ein Teil zu Pulver gemahlen ist, der größte Teil aber grob gemahlen bleibt. Puderzucker, Zimt, Orangenblütenwasser und Ghee hinzufügen und zu einer klebrigen Masse vermengen.
4. Füllung zu kleinen Kugeln in der Größe einer großen Olive portionieren und diese auf einem Tablett bereitlegen. Hände zwischendurch eventuell mit etwas Ghee einschmieren, damit die Füllung nicht an den Händen klebenbleibt.
5. Den Ofen auf 200 °C Ober-/Unterhitze (Umluft: 180 °C) vorheizen.
6. Eine kleine Portion Teig abnehmen und den Rest wieder in den Kühlschrank stellen. Die Keksform ab und zu mit etwas Mehl bestäuben. Die Teigportion zu einer walnussgroßen Kugel formen. Mit dem Zeigefinger in die Mitte ein Loch drücken und eine Portion Füllung hineingeben. Teigkugel wieder verschließen und in die Keksform drücken. Keks auf der Arbeitsfläche oder auf einem Geschirrtuch aus der Form schlagen (Form umdrehen und klopfen). Auf dieselbe Art und Weise restlichen Teig und Füllung zu Gebäckstücken verarbeiten. Die Kekse dicht nebeneinander auf ein mit Backpapier belegtes Backblech legen. Keinen Platz zwischen ihnen lassen, damit sie ihre Form behalten.
7. Die Kekse in ca. 15 Minuten auf der mittleren Schiene abbacken. Man sieht, dass die Ma'amoul fertig sind, wenn die Ränder eine goldbraune Farbe haben. Es soll nicht der ganze Keks goldbraun werden – dann verlieren sie ihre weiche Textur. Die Kekse vollständig abkühlen lassen und eventuell mit Puderzucker bestäuben.

Sherini
ALRAYHAN
بدون سكر
من السما السليمانية الأصلي
0750 6085856
0770 1077448

MUHALLEBI

KAFFEE-KOKOSMILCH-PUDDING

Mein Papa kann überhaupt nicht kochen – er kann vor allem sehr gut essen. Es gibt ein einziges Gericht, das er früher für mich und meinen Bruder zubereitet hat. Es heißt »Mama za'alana«, was in etwa bedeutet: »Mama ist mies drauf«. Wenn meine Mutter mies drauf war, hieß das vor allem: Macht euren Kram allein, und in einer solchen Situation musste mein Papa notgedrungen auf seine einzige Kochfertigkeit zurückgreifen, nämlich Zucchini braten. Die aßen wir dann also zum Abendessen. Mein Vater – Aristokrat, der er ist – kochte aber guten Kaffee. Denn ja, er ist ein Intellektueller, und irakische Intellektuelle trinken Kaffee, während sie über Politik sprechen. Er brachte mir als Kind das Kaffeetrinken bei, indem er uns eine Tasse Kaffee mit Kakao vorsetzte, bevor er uns zur Schule brachte. Es wurde ein bisschen unser Ding und hat mich zu der teure Latte trinkenden Millennial gemacht, die ich seit Jahr und Tag bin. Gut, das klassische Muhallebi finde ich extrem unspannend und so übertrieben orientalisch auf eine nervige Art und Weise, mit diesen Rosenblättern und den Nüssen. Für mein Muhallebi nimmst du arabischen Kaffee, schön mit Kardamom. Du findest ihn in jedem orientalisch-nordafrikanischen Laden.

ZUTATEN

13 EL Reismehl (oder 6 EL Maisstärke)
500 ml Vollmilch oder Sojamilch
200 ml vollfette Kokosmilch (17 % Fett)
75 g Kristallzucker
Prise Salz
½ EL Orangenblütenwasser
3 Kardamomkapseln, Samen fein gemahlen
½ EL Ghee, Kokosöl oder Sonnenblumenöl
6 EL Kokosraspeln, am besten mittelgrob
2 TL gemahlener arabischer Kaffee

Zusätzlich benötigst du:
4 schöne Gläser mit Fuß

1. Reismehl (oder Maisstärke) mit etwas Milch zu einem glatten Brei verrühren. Diesen mit der restlichen Milch, Kokosmilch, Zucker und 1 Prise Salz in einem Stieltopf mischen. Auf mittlerer Stufe unter ständigem Umrühren zum Kochen bringen. Nach 8 Minuten die Hitze verringern und noch 5 Minuten unter ständigem Rühren eindicken lassen.
2. Orangenblütenwasser und Kardamom in den Milchbrei rühren. Muhallebi 5–10 Minuten abkühlen lassen.
3. In 4 schöne Gläser füllen, mit Aluminiumfolie abdecken und mindestens 3 Stunden im Kühlschrank fest werden lassen.
4. Ghee auf mittlerer Stufe erhitzen. Kokosraspeln darin in ca. 1 Minute goldbraun und kross anbraten. Auf die Gläser verteilen. Kaffeepulver über das Muhallebi sieben und servieren.

FÜR 900 G · ZUBEREITUNGSZEIT: 10 MINUTEN · WARTEZEIT: 2 STUNDEN

HALAWAT TAHINA

CHILI-ZIMT-HALVA

Bei der Arbeit an diesem Buch ist die Liebe zwischen mir und Halva wieder erblüht. Wir hatten uns auseinandergelebt: Ich wurde einige Male enttäuscht, nachdem ich einen Bissen der Varianten gegessen hatte, die man in hiesigen Geschäften bekommen kann. Oft werden sie aus schlechtem Tahin hergestellt, und Pistazie befindet sich irreführenderweise nur in kleiner Menge am sichtbaren Rand der Verpackung. Du wirst staunen, wie einfach es ist, Halva selbst zu machen. Im Geschäft findest du hauptsächlich nur das mit Schokogeschmack und das Schlechte, von dem ich eingangs sprach, aber Halva wird im Nahen Osten auch in allerlei anderen Geschmacksrichtungen verkauft. Bei diesem Rezept habe ich mich für Chili und Zimt entschieden.

ZUTATEN

350 g Tahin
3 TL gemahlener Zimt
100 g Pistazien, fein gehackt
220 g Milchpulver
220 g Puderzucker
Salz
1–2 TL Chiliflocken

TIPP

Achte darauf, dass dein Tahin gut vermischt ist. Ist es nicht ganz so hochwertig, musst du es gut umrühren oder das Gefäß schon einen Tag im Voraus auf den Kopf stellen, damit sich die Ölschicht wieder mit der Sesampaste mischt.

1. Eine Schale mit 1 EL Tahin einfetten.
2. 2 TL Zimt hineinstreuen und die Schale so drehen und kippen, dass Boden und Ränder ganz mit Zimt bedeckt sind. Die Hälfte der fein gehackten Pistazien darauf verteilen.
3. Mit einem Spatel das restliche Tahin mit Milchpulver, Puderzucker und einer Prise Salz vermengen. 1 Minute kneten. Dann vorsichtig den restlichen Zimt, Chiliflocken und die restlichen Pistazien in den Tahinteig kneten. Es sollen Zimt- und Chiliwirbel im Teig zu sehen sein, sie müssen also nicht vollständig in den Teig hineingeknetet werden.
4. Den Teig in die Schale legen und gut andrücken. Mindestens 2 Stunden im Kühlschrank fest werden lassen.
5. Halva mit einem Messer von den Rändern lösen und die Schale vorsichtig stürzen. Die Halvastücke zum Tee oder zum Frühstück servieren oder libanesisches Fladenbrot damit füllen.

FÜR 10 PORTIONEN | ZUBEREITUNGSZEIT: 1 STUNDE | EINWEICHZEIT: 3 STUNDEN | WARTEZEIT: 3 STUNDEN

ZARDEHTRIFLE

SAFRANREISPUDDING

ZUTATEN

Für den Zardeh:
200 g Arborioreis, gewaschen, mindestens 1 Stunde in lauwarmem Wasser eingeweicht
70 g Butter
3 TL Safranfäden, fein gemahlen
1 TL Kardamom, Samen fein gemahlen
1½ TL Rosenwasser
220 g Zucker
Salz

Für den Trifle:
450 g Butterkuchen (selbst gemacht oder Fertigprodukt)
430 g Kirschkompott (Fertigprodukt oder, wenn du Spitzenklasse bist, selbst gemacht)
1 Vanilleschote
500 g frische Schlagsahne (35 % Fett)
4 EL Kristallzucker
250 g frische Himbeeren
1 EL gemahlener Zimt
75 g Mandelstifte oder Pistazien, geröstet

Zusätzlich benötigst du:
Stabmixer, Trifle-Schale oder große Glasschüssel, Handmixer

Zardeh ist ein Reispudding, zu dem ich hübsche Hausfrauenassoziationen habe. Traditionell macht man mit dem Zimt Muster oder Zeichnungen auf den Reispudding, im Grunde ein wenig die *Latte Art* der Levante. Sieht drollig aus, aber wie vielen anderen Oma-Desserts auch fehlt ihm Textur, deswegen habe ich es zu diesem Trifle umgezaubert, einer Nachspeise aus mehreren verschiedenen Schichten. Es ist cremig, dank einer gesunden Menge Butter und der Verwendung von Arborioreis. Sollte Kompott nicht dein Ding sein, kannst du es durch Marmelade ersetzen.

1. Das Reis-Einweichwasser abgießen und den Reis in eine Schüssel geben. Die Körner mit den Fingern in kleine Stücke brechen. Eventuell austretendes Wasser nicht abspülen.
2. In einem Topf 1 l Wasser zum Kochen bringen. Den gebrochenen Reis hineingeben, umrühren und erneut zum Kochen bringen. Mit einem Spatel über mehrere Minuten den Reis an den Rand drücken, um die Stückchen noch mehr zu zerquetschen. Den Reis 40 Minuten unter regelmäßigem Umrühren auf niedriger Stufe kochen.
3. Butter in den Reis rühren, bis sie geschmolzen ist, und danach mit einem Stabmixer zu einem nahezu glatten Brei pürieren. Hier und da soll aber noch etwas Reistextur zu sehen sein.
4. Safran mit etwas heißem Wasser mischen und mit Kardamom, Rosenwasser, Zucker und 1 Prise Salz zum Reis geben. Gründlich umrühren.
5. Butterkuchen in ca. 3 × 2 cm große Stücke schneiden. Boden und Rand der Schale damit bedecken.
6. Kompott auf die Kuchenstückchen geben. Aufpassen, dass auch die Löcher zwischen den Stücken mit der Füllung bedeckt sind.
7. Zardeh daraufgeben, sobald es gerade so weit abgekühlt ist, dass die Schale nicht kaputtgeht. Glattstreichen. Nach dem Abkühlen mindestens 3 Stunden im Kühlschrank festwerden lassen.
8. Sahne erst direkt vor dem Servieren schlagen. Die Vanilleschote dafür längs aufschneiden und Vanillemark herauskratzen. Sahne mit Zucker und Vanillemark mit einem Handmixer so steif schlagen, dass Spitzen stehenbleiben. Auf dem Zardeh verteilen und glattstreichen.
9. Himbeeren auf die Sahne setzen. Mit Zimt bestreuen und mit Mandeln oder Pistazien garnieren.

FÜR 4 PORTIONEN | ZUBEREITUNGSZEIT: 25 MINUTEN

CHALGAM BIL DIBIS

GESCHMORTE HERBSTRÜBE MIT DATTELSIRUP

Dieses vergessene Gemüse ist in der irakischen Küche alles andere als vergessen, bekommt aber darüber hinaus nicht genügend Liebe. Langsam geschmort, bekommt die Herbstrübe eine fast schwammartige Textur, die den süßen Dattelsirup aufzusaugen scheint. Dieses Gericht schmeckt am besten, wenn man es in etwas Kochflüssigkeit schlürft, idealerweise an einem kalten Tag.

ZUTATEN

1 kg Herbstrüben
250 g Dattelsirup
1 TL gemahlener Zimt
Salz

Für die Sesamcracker:
100 g Sesam
60 g Ahornsirup oder Honig
4 Kardamomkapseln, Samen fein gemahlen
½ TL Salz
1 TL Chiliflocken

Zusätzlich benötigst du:
Backpapier

1. Bei den Rüben Blattansätze abschneiden, dann die Rüben schälen und vierteln. In einem Topf mit 900 ml Wasser zum Kochen bringen.
2. Dattelsirup, Zimt und eine Prise Salz hinzufügen. Die Herbstrüben in ca. 20 Minuten auf mittlerer Stufe garen.
3. Den Ofen auf 170 °C Ober-/Unterhitze (Umluft: 150 °C) vorheizen.
4. Für die Sesamcracker Sesam in einer Pfanne ohne Öl auf niedriger Stufe und unter ständigem Umrühren in ca. 2 Minuten rösten oder bis er goldbraun ist. Ahornsirup, Kardamom und Salz 4 Minuten auf mittlerer Stufe erhitzen. Vom Herd nehmen. Sesam und Chiliflocken hineinrühren.
5. Sesamgemisch dünn auf einem Bogen Backpapier verstreichen. Im Ofen in ca. 10 Minuten abbacken oder bis der Sesamcracker knusprig und goldbraun ist. Vollständig abkühlen lassen.
6. Heiße Herbstrübe und Dattelflüssigkeit auf vier Schälchen verteilen. Sesamcracker in Stücke brechen und dazu servieren.

BASRA DATE SYRUP

GETRÄNKE

ASEER TAMAR AL HIND • TALIJ ROMAAN

ASEER AMR AL DEEN • SHANINA • CHAI KARKADEH

KAHVA • ASEER KURKUMA

FÜR 4–6 PORTIONEN | ZUBEREITUNGSZEIT: 30 MINUTEN

ASEER TAMAR AL HIND

TAMARINDENSAFT

Vielleicht ist es ein Klischee, wenn man einem Getränk den Stempel »durstlöschend« verpasst, aber es gibt ja einen Grund, warum sich dieses Getränk bei uns zu Hause im Ramadan mit Noomi Basra den ersten Platz für das Fastenbrechen teilt. Es ist frisch-sauer, süß, würzig und etwas blumig. Allerdings muss man den kräftigen Geschmack der Tamarinde mögen.

ZUTATEN

170 g Tamarindenmark
80 g Kristallzucker, gegebenenfalls weiteren Zucker nach Geschmack
7 Gewürznelken, zerdrückt
1 Sternanis, zerdrückt
1 Zimtstange
2 Orangen
1 Grapefruit
2 EL Rosenwasser
Zitronensaft (optional)
Eiswürfel (optional)

Zusätzlich benötigst du:
großer (Wasser-)Krug

1. In einem Topf 500 ml Wasser zum Kochen bringen. Tamarindenmark, Zucker, Gewürznelken, Sternanis und Zimtstange zufügen. Nun den Topf vom Herd nehmen und bis auf Körpertemperatur abkühlen lassen.
2. Danach das Tamarindenmark im Wasser mehrmals ausdrücken, um so viel Geschmack wie möglich zu bekommen. 1 l kaltes Wasser zufügen.
3. Tamarindensaft durch ein Sieb gießen, während das Fruchtfleisch gründlich ausgedrückt wird. 1 Orange und ½ Grapefruit auspressen und mit dem Rosenwasser hinzufügen. Kosten, ob der Saft nach Geschmack süß und sauer genug ist, eventuell etwas Zucker oder Zitronensaft hinzufügen.
4. Restliche Zitrusfrucht in Scheiben schneiden und diese in einen Krug füllen; eventuell ein paar Eiswürfel dazugeben. Tamarindensaft hineingießen. Eiskalt servieren.

TIPP

Ich empfehle, Tamarindenmark zu verwenden – in jedem orientalisch-nordafrikanischen Supermarkt erhältlich –, und nicht diese Paste aus dem Glas. Die nehme ich nur, wenn ich gar keine andere Wahl habe. Beim Kauf einer Packung die Marken mit vielen Fäden und Kernen meiden, sie sind sehr trocken und man erhält wenig Fruchtfleisch. Die Marken Mumtaz und Double Seashore sind auf jeden Fall gut.

FÜR 4–6 PORTIONEN · ZUBEREITUNGSZEIT: 10 MINUTEN · WARTEZEIT: 7 STUNDEN

TALIJ ROMAAN

GRANATAPFEL-SLUSH

In Bagdad kann es im Sommer so heiß werden, dass man auf der Motorhaube ein Spiegelei braten kann. Da kannst du dir vorstellen, dass überall in der Stadt Saftbars mit eiskalten Getränken zu finden sind; oft nur auf einer Fläche von zwei Quadratmetern. Der Saft ist dort superfrisch und eiskalt. Manche Saftbars verkaufen auch frische Slushs. Die sind kaum vergleichbar mit dem fluoreszierenden Zeug, das man in jedem Vergnügungspark oder Jahrmarkt bekommen kann; sie werden mit frischem Saft von beispielsweise süßsauren Granatäpfeln zubereitet. Nichts ist so köstlich wie bei 50 °C in ein Taxi einzusteigen, einen Zitronen-Slush in der einen und einen Granatapfel-Slush in der anderen Hand.

ZUTATEN

1 l Granatapfelsaft
1 rote Chilischote

Zusätzlich benötigst du:
Eiswürfelform, groß genug für ca. 45 Würfel, (starken) Mixer

1. Vom Granatapfelsaft 800 ml in die Eiswürfelform gießen und mindestens 7 Stunden in den Gefrierschrank stellen.
2. Chilischote halbieren und Samenleiste entfernen. Wer es nicht gern sehr scharf hat, nimmt nur ½ Chilischote. Eiswürfel mit Chili in den Mixer geben und die Eiswürfel zu feinen Stückchen pürieren.
3. Gecrushte Granatapfel-Eiswürfel in hohe, schöne Gläser füllen. Restlichen Granatapfelsaft darauf verteilen. Sofort servieren.

FÜR 4–6 PORTIONEN | ZUBEREITUNGSZEIT: 25 MINUTEN

ASEER AMR AL DEEN

APRIKOSENLEDERSAFT

Für diejenigen, die noch nicht mit Aprikosenleder vertraut sind: Diese Leckerei wird im orientalisch-nordafrikanischen Supermarkt als ledrige, große Scheibe aus getrockneter Aprikosenpaste verkauft, die zwischen zwei Bögen Frischhaltefolie zu einer Art DIN-A4-Format gefaltet ist. Du kannst ein Stück davon abreißen und pur aus der Hand essen, aber oft verarbeitet man es auch zu diesem Getränk. Du könntest dich nun fragen, worin der Unterschied zu Aprikosennektar besteht, aber Aprikosenleder hat ein besonderes Plätzchen in meinem Herzen. Diesen Bonbon-Geschmack wirst du mit einer Saftpackung aus dem Supermarkt nicht erleben.

ZUTATEN

400 g Aprikosenleder, erhältlich im orientalisch-nordafrikanischen Supermarkt
150 g Kristallzucker
3 Kardamomkapseln, Samen zerquetscht
Saft von 1 Zitrone
Eiswürfel
50 g Mandelstifte oder grob gehackte, geschälte Mandeln

Zusätzlich benötigst du:
Mixer oder Stabmixer

1. In einem Topf 800 ml Wasser zum Kochen bringen. Aprikosenleder in Stücke schneiden und hineingeben. 10 Minuten auf mittlerer Stufe kochen lassen.
2. Zucker hinzufügen und das Gemisch mit einem Mixer zu einem glatten Brei pürieren. Abkühlen lassen.
3. Nun 700 ml kaltes Wasser, Kardamomsamen und Zitronensaft zum Aprikosenlederpüree geben und mit einem Schneebesen gründlich vermengen. Kosten, ob es süß und sauer genug ist, und eventuell noch mehr Zucker oder Zitronensaft dazugeben.
4. Amr-al-Deen-Saft in Gläser mit vielen Eiswürfeln einschenken. Mit einigen Mandelstiften bestreuen. Eiskalt servieren.

FÜR 4 PORTIONEN · ZUBEREITUNGSZEIT: 5 MINUTEN · WARTEZEIT: 2 TAGE

SHANINA

WÜRZIGES JOGHURTGETRÄNK

Shanina ist ein erfrischendes Getränk zu frittierten Gerichten, gegrilltem Fleisch und belegten Broten. Ich serviere es an einem Sommertag mit Eiswürfeln zum Grillen, aber auch bei sehr salzigem Essen wirkt ein Joghurtgetränk schön feuchtigkeitsspendend. Man muss den Joghurt nicht unbedingt ein paar Tage sauer werden lassen (siehe Tipp von meiner Mutter auf Seite 100), aber er bekommt dadurch schon etwas Funkiges. In Afghanistan gibt man übrigens Gurkenstückchen hinein, das schmeckt auch sehr gut.

ZUTATEN

600 g griechischer Joghurt
500 ml Wasser
1 EL getrocknete Minze
1 EL getrocknetes Basilikum
2 TL Salz
Eiswürfel

1. Den Joghurt 2 Tage außerhalb des Kühlschranks stehen lassen. In einer Schüssel mit dem Wasser, den getrockneten Kräutern und dem Salz vermischen. Shanina 5 Minuten mit dem Mixer rühren, bis an der Oberfläche viel Schaum zu sehen ist.
2. In vier Gläser jeweils ein paar Eiswürfel geben. Shanina darübergießen und sofort servieren.

FÜR 4–6 PORTIONEN | ZUBEREITUNGSZEIT: 10 MINUTEN | WARTEZEIT: 30 MINUTEN

CHAI KARKADEH

HIBISKUS-EISTEE

Hibiskus ist in etwa das blumige Äquivalent der Cranberry. Die Blüten sind nicht schwer zu finden, speziell in indischen, mexikanischen und orientalisch-nordafrikanischen Supermärkten. Du kannst diesen Chai auch warm trinken, aber ich finde ihn eiskalt am besten, vor allem zu einem Falafel-Brötchen (Seite 139) oder zu Sabich (Seite 153).

ZUTATEN

70 g getrocknete Hibiskusblüten
150 g Kristallzucker
30 g Ingwer, in dünne Streifen geschnitten

1. In einem Topf 800 ml Wasser zum Kochen bringen. Hibiskusblüten hinzufügen und 6 Minuten auf niedriger Stufe ziehen lassen.
2. Topf vom Herd nehmen und Zucker und Ingwer hinzugeben. 30 Minuten stehen lassen.
3. Hibiskustee durch ein Sieb abgießen und das gesamte Wasser aus den Blüten drücken. 700 ml kaltes Wasser hinzufügen. Karkadeh in eine Kanne mit vielen Eiswürfeln gießen. Eiskalt trinken.

FÜR 9 PORTIONEN · ZUBEREITUNGSZEIT: 5 MINUTEN · WARTEZEIT: 8 STUNDEN

KAHVA

DATTEL-EISKAFFEE

Dies ist ein Cold-Brew-Kaffee. Er wird mit orientalischem Kaffee zubereitet, auch als türkischer Kaffee bekannt. Dieser sehr fein gemahlene Kaffee ist in allen orientalisch-nordafrikanischen Supermärkten erhältlich. Soll er warm getrunken werden, muss man für die richtige Zubereitung am Herd bleiben und den Kaffee in einem Milchtöpfchen ständig rühren. Für diese kalte Version braucht man ihn lediglich im Kühlschrank stehenzulassen.

ZUTATEN

8 EL arabischer Kaffee
4 Kardamomkapseln, Samen fein gemahlen
1 EL getrocknete Orangenschale (optional)
200 ml frische Schlagsahne (35 % Fett)
100–120 g Dattelsirup

Zusätzlich benötigst du:
Frischhaltefolie

1. Kaffee, Kardamom und eventuell Orangenschale in einer Schüssel mit 800 ml kaltem Wasser verrühren. Mit Frischhaltefolie abdecken und mindestens 8 Stunden in den Kühlschrank stellen.
2. Den Kaffee in eine andere Kanne umgießen; aufhören zu gießen, sobald der Bodensatz zu sehen ist.
3. Kaffee in vier durchsichtige Gläser einschenken. Schlagsahne und Dattelsirup darauf verteilen. Wer den Kaffee gern süßer trinkt, nimmt mehr Sirup. Sofort servieren.

TIPP

Für eine pflanzliche Version kannst du Kokoscreme mit hohem Fettgehalt verwenden.

FÜR 4–6 PORTIONEN | ZUBEREITUNGSZEIT: 10 MINUTEN

ASEER KURKUMA

KURKUMA-ROSEN-LIMONADE

Das Rosenwasser, das man hier im Laden kauft, schmeckt oft etwas chemisch und ist ziemlich konzentriert und dadurch auch stark im Geschmack. Das ist keine Katastrophe, führt aber dazu, dass man kurz selbst kosten muss, wie viel man braucht. Bedenke bei diesem Rezept, welche Marke du verwendest – nimm nicht die ganze empfohlene Menge auf einmal, sondern koste vor allem zwischendurch, ob es nicht zu stark oder dominierend ist. Außerdem ist es Geschmackssache. Man soll bei dieser Limo zwar Rosenwasser schmecken, aber es soll nicht so sein, als sei in deinem Mund ein Hammam-Verwöhnpaket explodiert.

ZUTATEN

40 g frische Kurkuma
4 Zitronen
60 ml Rosenwasser (mein Favorit ist von der Marke Chtoura Garden)
75–100 g Zucker
Eiswürfel

Zusätzlich benötigst du:
Mixer oder Stabmixer

1. Kurkuma in Stücke schneiden. Im Mixer mit 1½ l kaltem Wasser zu einem glatten Brei pürieren.
2. Püree durch ein Sieb gießen. Mit einem Löffelrücken sämtliche Flüssigkeit aus der Kurkuma drücken.
3. Von einer Zitrone 4 dünne Scheiben abschneiden und beiseitelegen. Restliche Zitronen auspressen und den Saft zum Kurkumasaft gießen.
4. Rosenwasser (Achtung: nicht alles auf einmal, zwischendurch kosten!) und Zucker hinzugeben und mit einem Schneebesen vermischen. Kosten, ob genug Rosenwasser und Zucker enthalten sind, und, falls nötig, noch etwas dazugeben.
5. Limonade in eine Kanne mit vielen Eiswürfeln gießen. Sofort servieren.

هذا من فضل ربي

DANKSAGUNG

Am letzten Tag meines Abschlusspraktikums als Werbestrategin bekam ich das erste *Lekker-Fred*-Kochbuch geschenkt. Ich war schon immer ein Fan des niederländischen Rappers Alfred Tratlehner alias Vjeze Fur, denn seine trockene Randstad-Coolness ließ mein provinziell traumatisiertes Herz natürlich schneller schlagen. Als sich auch noch herausstellte, dass er gern kochte und zwei Kochbücher veröffentlicht hat, war es *khalas*, klar: Fangirl Saar loading. Aus heiterem Himmel flatterte eines Tages eine *direct message* des guten Mannes herein mit der Frage, wo ich koche. *<Schnellvorlauf zu unserem ersten Treffen>* Ich stieg, mit Tuppergefäßen beladen wie ein Packesel, in den Bus nach Amsterdam Nord. Und dort war sie: Elza Jo. Es war Liebe auf den ersten Blick. Während ich total nervös versuchte, etwas runterzubekommen, übernahm meine Frechheit die Führung, wie immer mit perfektem Timing, und aus meinem Mund schoss die Mitteilung, dass ich noch eine Fotografin suchte. Freddy schaufelte ruhig weiter Fatteh auf die Teller, während ich versuchte, seine Frau mit meinen Geschichten zu einer Reise mit mir in den Irak zu verführen.

Meine Familie haben wir nicht besucht, stattdessen bekam jedoch ich die ganze Familie Tratlehner als neue Freunde dazu. Allerliebste Elza Jo, ich danke dir, dass du in mir etwas gesehen und diese Geschichte durch deine immer mit herrlichem Lidstrich geschminkten Augen erzählt hast. Dank unserer Zusammenarbeit habe ich gelernt, mein Irakischsein so zu akzeptieren, wie es ist. Immer, wenn ich versucht habe, etwas zu verschönern, und du aber gesehen hast, wie schön alles war, so, wie es war, heiltest du die Wunden, die ich schon so lange mit mir herumtrage. Nur du konntest es auf die bikulturelle Art und Weise einfangen, die mich so treffend widerspiegelt.

Und ich wäre nichts ohne meine jüdische Tante Esther Erwteman. Unangekündigt in ihrem Kochstudio im Amsterdamer Viertel De Pijp vorbeizugehen, fühlt sich für mich ganz genauso an wie ein Besuch bei meinen Tanten im Irak. Ich bin immer willkommen, es gibt Essen, Tratsch, es wird gelacht und oft toben Kinder durch das Zimmer.

Noomi hätte es nie so schnell gegeben ohne meine indo-italienische Freundin und mein großes Vorbild Vanja. Eines Nachmittags stand ich mit Pitabroten (aus Griechenland mitgebracht) und selbst gemachtem Muschel-Saganaki in ihrem Wohnzimmer. Ich verstehe nicht, woher ich die Dreistigkeit nahm, der Gewinnerin des Goldenen Kochbuchs etwas zu offerieren, das ich an diesem Mittag zum ersten Mal zubereitet hatte und wofür ich null Expertise besaß, aber von diesem Augenblick an konnte ich immer zu ihr gehen, um ungeschminkte Ratschläge und gute Wünsche ohne Ende zu bekommen.

Mein Dank geht außerdem an Janneke de Zeeuw, auch von ihrer Website *Mooncake* bekannt. Sie vertraute mir blindlings ihre Plattform an, für die ich während der zarten Anfänge meiner kulinarischen Karriere wöchentlich Content erstellte. Dadurch lernte ich in kurzer Zeit, auf was für Rezepte die Menschen am meisten stehen.

Ich danke meinem Verleger: Willemijn, danke, dass du an mich herangetreten bist, als ich noch Anfängerin war, und dass ihr – du und Kelly – so geduldig wart, als ich versuchte, meinen Kurs zu definieren. Ich weiß, dass mein ADHS eure Flexibilität strapaziert hat, aber ihr habt dennoch unvermindert weiter an mich geglaubt.

Und danke an meine lieben Freunde Valerie, Suus, Shiwa und Maarten, die mich immer stürmisch bejubelt haben und alle meine Erfolge wie Meilensteine feierten.

Mein ewiger Dank gilt meiner Mutter. Sie hat zugeschaut, wie ich völlig erschöpft den Endspurt eines aufreibenden Studiums geschafft hatte, um mich dann sofort in eine neue Herausforderung zu stürzen. Nicht selten stand meine Mutter an ihrem freien Tag für mich in der Küche, weil ich wieder einmal einem Küchenchef Essen versprochen hatte. Sie ist der Grund, dass ich gutes Essen schätzen gelernt habe – durch den hohen Standard, den sie setzt. Ich dachte immer, gut zu kochen sei in der irakischen DNA verankert, es steckt aber vor allem in der DNA meiner Mutter und ich danke ihr, dass ich diese Eigenschaft geerbt habe. Die zweite Frau, ohne die mein Leben ein Okraschoten-Eintopf ohne Zitrone wäre oder ein Falafel-Brötchen ohne Amba, ist meine Schwester und bessere Hälfte Noor. Irgendwann, als Noor selbst zu studieren begann, wurde ich alt und sie geistreich. Als Noomis Supporting Writer hat sie alles gegeben, um mir und dir grausige Millennial-Fehler zu ersparen. Ich danke dir, liebe Schwester, dass du meine Soße in Balance gebracht hast.

REGISTER

L

M

T

W

Z

Bibliografische Information der Deutschen Nationalbibliothek
Die Deutsche Nationalbibliothek verzeichnet diese Publikation in der Deutschen Nationalbibliografie.
Detaillierte bibliografische Daten sind im Internet über http://d-nb.de abrufbar.

Für Fragen und Anregungen
info@rivaverlag.de

Wichtiger Hinweis
Ausschließlich zum Zweck der besseren Lesbarkeit wurde auf eine genderspezifische Schreibweise sowie eine Mehrfachbezeichnung verzichtet. Alle personenbezogenen Bezeichnungen sind somit geschlechtsneutral zu verstehen.

1. Auflage 2023
© 2023 by riva Verlag, ein Imprint der Münchner Verlagsgruppe GmbH
Türkenstraße 89
80799 München
Tel.: 089 651285-0
Fax: 089 652096

Die niederländische Originalausgabe erschien 2022 bei Fontane Uitgevers Niederlande unter dem Titel *Noomi. De keuken van Irak.*
© 2022 by Sara Shawkat. Alle Rechte vorbehalten.

Alle Rechte, insbesondere das Recht der Vervielfältigung und Verbreitung sowie der Übersetzung, vorbehalten. Kein Teil des Werkes darf in irgendeiner Form (durch Fotokopie, Mikrofilm oder ein anderes Verfahren) ohne schriftliche Genehmigung des Verlages reproduziert oder unter Verwendung elektronischer Systeme gespeichert, verarbeitet, vervielfältigt oder verbreitet werden.

Übersetzung: Martina Fischer
Redaktion: Stephanie Kaiser-Dauer
Umschlaggestaltung: Sonja Vallant
Umschlagabbildungen: Elza Jo Tratlehner
Rezept- und Lifestylefotografie Innenteil: Elza Jo Tratlehner
Satz: Daniel Förster
Druck: Firmengruppe APPL, aprinta Druck, Wemding
Printed in Germany

ISBN Print 978-3-7423-2414-6
ISBN E-Book (PDF) 978-3-7453-2171-5
ISBN E-Book (EPUB, Mobi) 978-3-7453-2172-2

Wir produzieren nachhaltig
www.m-vg.de

Weitere Informationen zum Verlag findest du unter

www.rivaverlag.de

Beachte auch unsere weiteren Verlage unter www.m-vg.de